Die kleine Reihe

Virginia Woolf

Ein Zimmer für sich

Büchergilde Gutenberg

Aus dem Englischen übertragen von
Annette von Charpentier
Die Originalausgabe erschien 1928 bei
Quentin Bell und Angelica Garnett, London
Einbandgestaltung Heinrich Thomas, Heidesheim
unter Verwendung einer Fotografie von
Reinhard F. Blaik, Bodenheim
Herstellung Margot Mayer, Erzhausen
Satz Utesch Satztechnik GmbH, Hamburg
Druck R. Oldenbourg Graphische Betriebe GmbH, Kirchheim
Bindung Großbuchbinderei Monheim, Monheim
Printed in Germany ISBN 3 7632 4159 0

Dieser Essay beruht auf zwei Vorträgen, die im Oktober 1928 gehalten wurden. Sie waren zu lang, um vollständig vorgetragen zu werden, und sind seitdem erweitert und verändert worden.

V. W. 1929

Erstes Kapitel

Aber, aber, mögen Sie einwenden, wir haben Sie doch gebeten, über Frauen und Literatur zu sprechen – was hat das mit einem eigenen Zimmer zu tun? Ich werde versuchen, es zu erklären. Als Sie mich baten, über Frauen und Literatur zu reden, setzte ich mich an ein Flußufer und fragte mich, was diese Worte eigentlich bedeuteten: Vielleicht ein paar Bemerkungen über Fanny Burney, ein paar über Jane Austen, einen Tribut an die Brontës, eine Beschreibung vom Pfarrhaus in Haworth unter einer Schneedecke, wenn möglich ein paar geistreiche Aperçus über Miss Mitford, eine respektvolle Anspielung auf George Eliot, einen Verweis auf Mrs. Gaskell, und damit hätte es sich gehabt. Doch beim näheren Hinsehen schien es nicht gar so einfach. Der Titel *Frauen und Literatur* konnte bedeuten – und so haben Sie es vielleicht gemeint: Frauen und wie sie sind, oder Frauen und die Literatur, die sie schreiben, oder Frauen und die Literatur, die man über sie geschrieben hat, oder daß diese drei Titel unentwirrbar miteinander verknüpft sind, und Sie wollen, daß ich das Thema von diesem Blickwinkel aus betrachte. Doch als ich unter jenem letzten Aspekt über das Thema nachdachte, der mir am interessantesten erschien, erkannte ich bald, daß er einen fatalen Nachteil hatte. Ich würde niemals zu einem Schluß gelangen. Ich würde niemals die meiner Meinung nach höchste Pflicht einer Vortragenden erfüllen können, Ihnen nach einstündigem Diskurs ein Körnchen reiner Wahrheit zu präsentieren, das Sie zwischen den Seiten Ihres Notizbuches aufbewahren und für alle Ewigkeit auf den Kaminsims stellen können. Ich könnte Ihnen lediglich eine Meinung über einen nicht so wichtigen Punkt anbieten: eine Frau braucht Geld und ein eigenes Zimmer, wenn sie Literatur schreiben soll, und damit werden, wie Sie sehen werden, die großen Probleme der wahren Natur der Frau und der wahren Natur von Literatur nicht gelöst. Ich habe mich vor der Pflicht gedrückt, bei beiden Fragen zu einem Schluß zu kommen – Frauen und Literatur bleiben, was mich betrifft, ungelöste Probleme. Doch um Sie ein wenig zu entschädigen, will ich Ihnen, so gut ich kann, darlegen, wie ich zu diesem Schluß über das Zimmer und das Geld gekommen bin. Ich werde Ihnen, so vollständig und frei ich nur kann, den Gedankengang beschreiben, der mich dazu geführt hat. Wenn ich die Vorstellungen, die Vorurteile aufzeige, die hinter dieser Aussage stehen, erkennen Sie vielleicht, daß einige von ihnen eine Auswirkung auf Frauen haben, andere auf Literatur. Doch wenn ein Thema höchst kontrovers ist – und das sind alle, bei denen es um das Geschlecht geht –, dann kann man nicht erwarten, die Wahrheit zu sagen. Man kann nur erklären, wie man zu der Meinung kam, die man nun einmal vertritt. Man kann seinem Publikum nur die Chance geben, seine eigenen Schlüsse zu ziehen, wenn es die Grenzen, die Vorurteile, die Idiosynkrasien des Redners erkennt. Literatur enthält hier vermutlich mehr Wahrheit als Fakten.

Daher schlage ich vor, daß ich mir alle Freiheiten und Kühnheiten einer Schriftstellerin erlaube und Ihnen die Geschichte der zwei Tage vor meinem Erscheinen hier erzähle – wie ich, gebeugt unter der Last des Themas, das Sie meinen Schultern aufbürdeten, darüber nachdachte, und es sich immer wieder in meinen Alltag drängte. Ich brauche wohl kaum zu erwähnen, daß das, was ich nun beschreiben werde, nicht existiert; Oxbridge ist eine Erfindung, Fernham desgleichen; »ich« ist nur eine bequeme Bezeichnung für jemanden, den es in Wirklichkeit nicht gibt. Von meinen Lippen werden Lügen strömen, aber vielleicht ist ein wenig Wahrheit darunter gemischt; es liegt an Ihnen, diese Wahrheit herauszufinden und zu beschließen, ob ein Teil davon es wert ist, aufgehoben zu werden.

Wenn das nicht der Fall ist, werfen Sie das Ganze einfach in den Papierkorb und vergessen es.

Da saß ich also (nennen Sie mich Mary Beton, Mary Seton, Mary Carmichael oder wie Sie wünschen – es ist eine Angelegenheit ohne irgendwelche Bedeutung) vor einigen Wochen, an einem schönen Oktobertag, gedankenversunken am Ufer eines Flusses. Jenes Joch, Frauen und Literatur, von dem ich sprach, die Notwendigkeit, bei einem Thema zu einen Schluß – wie auch immer – zu kommen, das alle möglichen Vorurteile und Leidenschaften aufrührt, beugte meinen Kopf zu Boden. Rechts und links von mir glühten Büsche golden und scharlach; ihre Farbe schien von feuriger Hitze zu brennen. Am gegenüberliegenden Ufer klagten die Weiden, das Haar um die Schultern, in ungebrochener Trauer. Der Fluß spiegelte Himmel und Brücke und brennenden Baum, wie es sich gerade ergab, und als der Student sein Boot durch die Spiegelbilder gerudert hatte, schlossen diese sich wieder so vollständig, als habe es den Fluß nie gegeben. Man hätte dort in Gedanken versunken rund um die Uhr sitzen können. Die Gedanken – um ihnen einen stolzeren Namen zu geben als sie verdienten – hatten ihre Leine in den Fluß gesenkt. Sie schwankten einige Minuten zwischen den Spiegelbildern und Wasserpflanzen hin und her, ließen sich von der Strömung heben und senken, bis – Sie kennen den leisen Ruck – sich unvermittelt ein Gedanke am Ende der Leine ballte: dann das vorsichtige Einholen, das sorgfältige Ausbreiten. Ach, wie klein, wie unbedeutend lag dieser, mein Gedanke da auf dem Gras; die Sorte Fisch, die ein guter Angler wieder ins Wasser wirft, damit er fetter wird, und es sich eines Tages lohnt, ihn zu braten und zu verspeisen. Ich werde Sie damit verschonen, um was für einen Gedanken es sich handelte, doch wenn Sie genau hinschauen, finden Sie ihn vermutlich selbst in dem, was ich nun sagen werde.

Doch so klein er auch war, so besaß er doch die geheimnisvolle Eigenschaft seiner Spezies – wieder zurück im Kopf wurde er sogleich sehr aufgeregt und wichtig, und wie er hin und her schoß, abtauchte und hier und dort wieder hochblitzte, verursachte er einen solchen Strudel, einen Tumult von Ideen, daß es unmöglich war, still zu sitzen. Daher war ich plötzlich im Begriff, mit äußerster Eile über ein Rasenstück zu gehen. Sofort tauchte die Gestalt eines Mannes auf, um mich abzufangen. Doch zunächst begriff ich nicht, daß die Gebärden des seltsam aussehenden Subjekts in Gehrock und Hemdbrust mir gelten sollten. Seine Miene drückte Entsetzen und Entrüstung aus. Mir kam eher mein Instinkt als Vernunft zu Hilfe; er war ein Pedell, ich war eine Frau. Hier war der Rasen, dort war der Weg. Nur Professoren und Gelehrte haben hier Zutritt; mein Platz ist auf dem Kies. Diese Gedanken waren das Werk des Augenblicks. Als ich den Pfad wieder erreichte, sanken die Arme des Pedells herab, seine Miene nahm die übliche Gelassenheit an, und obwohl man auf Rasen angenehmer geht als auf Kies, war kein großer Schaden entstanden. Den einzigen Vorwurf, den ich den Professoren und Gelehrten – gleich welchen Colleges – machen konnte, war, daß sie meinen kleinen Fisch verscheucht hatten, um ihren Rasen zu schützen, den man seit dreihundert Jahren ununterbrochen walzt.

Nun konnte ich mich nicht mehr erinnern, welcher Gedanke mich zu diesem kühnen Vergehen veranlaßt hatte. Ein friedlicher Geist senkte sich wie eine Wolke vom Himmel, denn wenn der Friedensgeist irgendwo weilt, dann in den Innenhöfen und Gevierten von Oxbridge an einem schönen Oktobermorgen. Beim Durchstreifen jener Akademien, vorbei an den uralten Hallen, schien sich die Grobheit der Gegenwart zu glätten; der Körper schien von einem wundersamen Glasgehäuse umfangen, durch das kein Laut zu dringen vermochte, und der Geist, befreit von jedem Kontakt mit Fakten (es sei denn, man betrat wieder verbotenerweise den Rasen), genoß die Freiheit, sich auf Betrachtungen einzulassen, die sich in Harmonie mit dem Augenblick befanden. Wie es der Zufall wollte, brachte eine streunende Erinnerung an einen alten Essay über einen Besuch von Oxbridge in den Sommerferien mir Charles Lamb in den Sinn – den heiligen Charles, wie Thackeray sagte, indem er einen Brief Lambs an die Stirn preßte. In der Tat ist Lamb unter all den Verblichenen (ich schildere Ihnen meine Gedanken, wie sie mir in den Sinn kamen) einer der sympathischsten, einer, zu dem man gern gesagt hätte: »Sag mal, wie hast du deine Essays geschrieben?« Denn seine Essays sind selbst denen von Max Beerbohm überlegen, so dachte ich, trotz all deren Perfektion, weil sie diese wilden Feuergarben der Phantasie besitzen, den Blitzschlag des Genies, der sie brüchig und unvollkommen, aber poesiebesternt macht. Lamb also kam vor etwa hundert Jahren nach Oxbridge. Er hat jedenfalls einen Essay – der Titel ist mir entfallen – über die Handschrift eines von Miltons Gedichten geschrieben, die er hier sah. Vielleicht war es *Lycidas*, und Lamb schrieb, wie ihn der Gedanke entsetzt habe, daß irgendein Wort in *Lycidas* hätte anders sein können als es war. Die Vorstellung, Milton hätte in jenem Gedicht Worte ausgewechselt, erschien ihm wie ein Sakrileg. Das brachte mich dazu, mir das Poem *Lycidas* aufzusagen, soweit ich es wußte, und mich mit dem Ratespiel zu amüsieren, welches Wort Milton wohl abgeändert hatte und warum. Dann kam mir in den Sinn, daß eben die Handschrift, welche Lamb betrachtet hatte, nur wenige hundert Yards entfernt lag, so daß man Lambs Schritten über den Innenhof zu jener berühmten Bibliothek folgen konnte, wo man den Schatz aufbewahrte. Darüber hinaus fiel mir ein, während ich diesen Plan in die Tat umsetzte, daß in dieser berühmten Bibliothek die Urschrift von Thackerays *Esmond* liegt. Manche Kritiker meinen, *Esmond* sei Thackerays hervorragendster Roman. Doch der schnörkelhafte Stil mit seiner Absicht, das achtzehnte Jahrhundert zu imitieren, stört einen, wie ich mich erinnere, es sei denn, daß dieser Stil in der Tat natürlich für Thackeray war – eine Tatsache, die man beweisen könnte, indem man das Manuskript daraufhin untersuchte, ob irgendwelche Änderungen den Stil oder das Verständnis des Textes verbessern. Aber dann müßte man entscheiden, was Stil ist und was Sinn, eine Frage – ... aber da stand ich bereits vor der Tür, die in die Bibliothek führt. Ich mußte sie geöffnet haben, denn daraus tauchte, wie ein Schutzengel, der einem den Weg mit einem flatternden schwarzen Talar statt mit weißen Flügeln versperrt, ein mißbilligend dreinschauender, silberhaariger, freundlicher Gentleman auf, der, während er mich zurückscheuchte, leise bedauerte, daß Damen in der Bibliothek nur in Begleitung eines Professors der Universität oder in Besitz eines Empfehlungsschreibens zugelassen seien.

Daß eine berühmte Bibliothek von einer Frau verflucht wird, ist für die berühmte Bibliothek gänzlich ohne Bedeutung. Ehrwürdig und gelassen schläft sie, alle Schätze unter sicherem Verschluß an ihrer Brust, friedlich vor sich hin und wird, soweit es mich betrifft, auf immer so weiterschlafen. Niemals werde ich jene Echos wecken, niemals wieder werde ich dort um Aufnahme nachsuchen, schwor ich mir, als ich wütend die Stufen wieder hinabschritt. Bis zum Mittag war noch eine Stunde Zeit. Was konnte man tun? Über die Wiesen spazieren? Beim Fluß sitzen? Ganz gewiß war es ein wunderbarer Herbstmorgen, rote Blätter taumelten zu Boden; und beides kostete keine große Mühe. Doch da drang Musik an mein Ohr. Irgendwo wurde ein Gottesdienst oder eine Feier abgehalten. Die Orgel stimmte eine machtvolle Klage an, als ich an der Kirchentür vorbeikam. Selbst das Leid der Christenheit klang in der klaren Luft eher wie eine Erinnerung an Leid als Leid selbst; selbst das Seufzen der alten Orgel schien von Frieden umhüllt. Ich hegte nicht den Wunsch einzutreten, auch wenn ich das Recht dazu gehabt hätte, denn dieses Mal hätte mich der Küster anhalten und vielleicht meine Taufurkunde oder ein Empfehlungsschreiben vom Dekan verlangen können. Doch solch prächtige Gebäude sind außen oft fast ebenso schön wie drinnen.

Außerdem war es unterhaltsam genug, zuzusehen, wie sich die Gemeinde versammelte, hineinging und wieder herauskam und an der Kirchentür herumwimmelte wie Bienen am Eingang zu ihrem Stock. Viele trugen Talar und Barett, andere hatten Pelzbesatz auf den Schultern, andere wurden in Rollstühlen herbeigefahren, andere wiederum, obwohl noch nicht jenseits des mittleren Alters, wirkten faltig und zu so einzigartigen Formen zusammengedrückt, daß man sich an jene riesigen Krebse und Langusten erinnert fühlte, die sich nur mit Mühe über den Sand von Aquarien schleppen. Als ich mich gegen die Mauer lehnte, erschien mir die Universität tatsächlich wie ein Schutzgebiet zur Erhaltung seltener Typen, die bald ausgestorben wären, wenn man sie auf dem Pflaster des Strands um ihre Existenz kämpfen ließe. Mir kamen alte Geschichten von alten Dekanen und alten Professoren in den Sinn, doch ehe ich den Mut gefaßt hatte zu pfeifen – es hieß, daß der alte Professor… bei einem Pfiff immer unvermittelt in Galopp verfiel –, war die ehrwürdige Gemeinde drinnen verschwunden. Mir blieb die Außenseite der Kirche. Wie Sie wissen, kann man ihre hohen Kuppeln und Türme von weither über die Hügel aufragen sehen, wie ein Segelschiff, das auf immer unterwegs ist und niemals ankommt, bei Nacht beleuchtet und über Meilen hinweg sichtbar. Einst war vermutlich dieser Innenhof mit seinem gepflegten Rasen, den massigen Gebäuden und die Kirche selbst auch Sumpfland, wo Gras schwankte und Schweine wühlten. Gespanne von Pferden und Ochsen, überlegte ich, mußten die Steine in Wagen aus fernen Grafschaften herbeigeholt haben, und dann wurden in unendlicher Mühsal die grauen Blöcke, in deren Schatten ich nun stand, einer auf den anderen gesetzt, dann brachten die Maler ihr Glas für die Fenster, und die Steinmetzen waren jahrhundertelang mit Kitt und Zement, Spaten und Kelle auf dem Dach beschäftigt. Jeden Samstag mußte jemand Gold und Silber aus einem Lederbeutel in ihre alten Fäuste geschüttet haben, denn sie hatten wohl ihren einen Abend mit Bier und Kegelspiel. Ein unendlicher Strom von Silber und Gold, dachte ich, muß ständig in diesen Hof geflossen sein, damit weiterhin die Steine ankamen und die Steinmetzen arbeiteten, damit ausgehoben, gegraben, geschaufelt und drainiert wurde. Aber es war das Zeitalter des Glaubens, und das Geld wurde großzügig gegeben, um diese Steine auf ein festes Fundament zu setzen; und als die Steine errichtet waren, wurde noch mehr Geld aus den Truhen von Königen und Königinnen und großen Edelleuten geschüttet, um dafür zu sorgen, daß hier Hymnen gesungen wurden und Gelehrte lernten. Land wurde gewährt, Abgaben wurden bezahlt. Und als das Zeitalter des Glaubens vorbei war, kam das Zeitalter der Vernunft, doch der Strom aus Silber und Gold floß weiter; man stiftete Stipendien, stattete Lehrstühle aus; nur floß das Gold und Silber jetzt nicht mehr aus den Schatztruhen des Königs, sondern aus denen der Kaufleute und Fabrikanten, aus den Börsen der Männer, die, sagen wir, ein Vermögen in der Industrie gemacht hatten und in ihren Testamenten einen üppigen Anteil davon zurückgaben, um weitere Lehrstühle, Dozentenstellen, Stipendien für die Universität zu stiften, wo sie ihr Handwerk gelernt hatten. Daher stammen die Bibliotheken und Laboratorien, die Observatorien, die großartige Ausrüstung mit teuren und feinsten Instrumenten, die nun auf Glasborden stehen, wo vor Jahrhunderten das Gras schwankte und die Schweine wühlten. Als ich um den Innenhof spazierte, schienen mir die Fundamente aus Gold und Silber gewiß solide genug; die Pflastersteine lagen schwer über dem wilden Gras. Männer mit Tabletts auf dem Kopf bewegten sich geschäftig von einem Treppenhaus zum anderen. In Blumenkästen wuchsen bunte Blüten. Ein Grammophon in den Zimmern dahinter plärrte eine Melodie. Es war unmöglich, nicht darüber nachzudenken – aber dieser Gedanke wurde im Keim erstickt. Die Uhr schlug. Es war Zeit zum Mittagessen.

Es ist eine seltsame Tatsache, daß Schriftsteller es an sich haben, uns glauben zu machen, daß Mittagsgesellschaften unweigerlich erinnerungswürdig sind, weil etwas Geistreiches gesagt oder etwas Kluges getan wurde. Aber sie haben nur selten ein Wort dafür übrig, was verzehrt wurde. Es ist unter Schriftstellern Sitte, weder Suppe noch Lachs, noch Jungenten zu erwähnen, als hätten Suppe und Lachs und Jungente absolut keine Bedeutung, als würde niemals jemand eine Zigarre rauchen oder ein Glas Wein trinken. Ich werde mir an dieser Stelle jedoch die Freiheit erlauben, mich über diese Konvention hinwegzusetzen und Ihnen sagen, daß das Essen bei diesem Anlaß mit Seezungen begann, die in einer tiefen Schüssel lagen, über die der Koch des Colleges eine Decke aus weißester Sahne gebreitet hatte, die aber hier und dort, wie die Flanke eines Rehkitzes, braune Flecken aufwies. Danach gab es Rebhuhn, aber wenn Sie dabei an ein paar kahle, braune Vögel auf einem Teller denken, so irren Sie. Die Rebhühner, denn es waren viele und verschiedene, erschienen mit einem Gefolge aus Soßen und Salaten, scharfen wie süßen, alles der Reihe nach, mit ihren Kartoffeln, dünn wie Medaillen, aber nicht so hart, ihren Rosenköhlchen, beblättert wie Rosenknospen, aber saftiger. Und kaum hatte man den Braten und sein Gefolge bewältigt, da setzte der stumme Bedienstete, vielleicht der Pedell selbst in einer milderen Manifestation, ein in eine Serviette gehülltes Konfekt vor uns, das sich in aller Zuckerpracht aus den Falten erhob. Es Pudding zu nennen und so mit Reis und Sago in Verbindung zu bringen, würde eine Beleidigung darstellen. Derweil waren die Weingläser erst gelblich, dann rötlich angehaucht, waren geleert und wieder gefüllt worden. Und so war allmählich halbwegs das Rückgrat hinab, wo die Seele ihren Sitz hat, nicht jenes harte, kleine elektrische Licht entzündet worden, das wir Brillanz nennen, das über unsere Lippen huscht und verpufft, sondern das profundere, subtilere und unterirdische Glühen, die sattgelbe Flamme des vernünftigen

Diskurses. Kein Grund zur Eile. Kein Grund zu funkeln. Kein Grund, irgend jemand anderer zu sein als man selbst. Wir kommen alle in den Himmel, und Van Dyck wird auch dabeisein – mit anderen Worten, wie gut schien das Leben, wie süß seine Belohnungen, wie trivial dieser Groll oder jener Verdruß, wie bewundernswert die Freundschaft und Gesellschaft der eigenen Art, während man, eine gute Zigarette anzündend, auf die Kissen des Fenstersitzes sank.

Wenn man das Glück gehabt hätte, einen Aschenbecher zur Hand zu haben, wenn man nicht statt dessen die Asche aus dem Fenster geschnippt hätte, wenn die Dinge ein wenig anders gelegen hätten als sie waren, hätte man vermutlich keine Katze ohne Schwanz gesehen. Der Anblick jenes verkürzten und gestutzten Tiers, das leise über den Innenhof schlich, veränderte dank eines glücklichen Zufalls der unbewußten Intelligenz das emotionale Klima für mich. Es war, als habe jemand einen Schatten fallen gelassen. Vielleicht lockerte der ausgezeichnete Rheinwein seinen Griff. Sicher jedoch schien etwas zu fehlen oder anders zu sein, als ich die Manx-Katze mitten auf dem Rasenstück innehalten sah, als bedenke auch sie das Universum. Aber was fehlte, was war anders? fragte ich mich, dem Gespräch lauschend. Und um diese Frage zu beantworten, mußte ich mich aus dem Zimmer heraus in die Vergangenheit zurückdenken, in die Zeit vor dem Krieg, und mir das Modell einer anderen Mittagsgesellschaft vor Augen holen, die in Räumen nicht weit von hier abgehalten wurde, aber anders war. Alles war anders. Inzwischen lief das Gespräch unter den Gästen weiter, die zahlreich und jung waren, einige von diesem Geschlecht, andere von jenem, es schwamm dahin, war angenehm, frei, amüsant. Im weiteren Verlauf hielt ich es gegen jenes andere Gespräch, und beim Vergleich der beiden hegte ich nicht den geringsten Zweifel, daß das eine der Abkömmling, der rechtmäßige Erbe des anderen sei. Nichts war anders, nichts unterschied sich, außer – und jetzt lauschte ich mit allen

Sinnen nicht ausschließlich auf das, was gesprochen wurde, sondern auch auf das Murmeln der darunterliegenden Strömung. Ja, das war es – das war die Veränderung. Vor dem Krieg hätten die Leute bei einem Mittagessen wie diesem genau die gleichen Dinge gesagt, aber sie hätten anders geklungen, denn in jenen Tagen wurden sie von einer Art Summen begleitet, das nicht artikuliert war, aber musikalisch, aufgeregt, und den Rang der Worte selbst verändernd. Konnte man dieses Summen in Worte setzen? Vielleicht war es mit Hilfe der Poesie möglich. Neben mir lag ein Buch, das ich öffnete, und in dem ich mehr oder weniger zufällig auf Tennyson stieß. Und ich fand, wie Tennyson singt:

There has fallen a splendid tear
From the passion-flower at the gate.
She is coming, my dove, my dear;
She is coming, my life, my fate;
The red rose cries: ›She is near, she is near‹;
And the white rose weeps, ›She is late‹;
The larkspur listens, ›I hear, I hear‹;
And the lily whispers, ›I wait‹.

War es das, was Männer vor dem Krieg bei Mittagsgesellschaften summten? Und die Frauen?

My heart is like a singing-bird
Whose nest is in a water'd shoot;
My heart is like an apple tree
Whose boughs are bent with thick-set fruit;
My heart is like a rainbow shell
That paddles in a halcyon sea;
My heart is gladder than all these
Because my love is come to me.

War es das, was Frauen vor dem Krieg bei Mittagsgesellschaften summten?

Doch der Gedanke, daß man bei einer Mittagsgesellschaft vor dem Krieg solche Dinge summte, wenn auch nur verhalten, hatte etwas so Albernes an sich, daß ich in Lachen ausbrach, und dieses Lachen mußte ich erklären, indem ich auf die Manx-Katze deutete, die in der Tat ohne Schwanz mitten auf dem Rasen ein wenig absurd wirkte, das arme Tier. War sie wirklich so von Geburt an oder hatte sie den Schwanz bei einem Unfall verloren? Schwanzlose Katzen, die ja auf der Insel Man vorkommen sollen, sind seltener als man glaubt. Es sind merkwürdige Tiere, eher seltsam als schön zu nennen. Komisch, welchen Unterschied ein Schwanz macht – Sie kennen die Dinge, die man von sich gibt, wenn eine Mittagsgesellschaft aufbricht und die Leute nach Hut und Mantel suchen.

Diese Gesellschaft hatte dank der Gastfreundschaft des Hausherrn bis weit in den Nachmittag gedauert. Der schöne Oktobertag schwand schon dahin, und in der Allee, die ich durchschritt, fielen die Blätter von den Bäumen. Tor um Tor schien sich mit sanfter Endgültigkeit hinter mir zu schließen. Unzählige Pedelle paßten unzählige Schlüssel in gutgeölte Schlösser; man sicherte die Schatzkammer für eine weitere Nacht. Nach der Allee kommt man auf eine Straße – ich habe ihren Namen vergessen –, die einen, wenn man die richtige Abzweigung findet, nach Fernham führt. Aber ich hatte reichlich Zeit. Das Abendessen war erst um halb acht. Nach einem solchen Mittagsmahl konnte man auf das Abendessen leicht verzichten. Komisch, wie ein Gedichtfetzen einem im Kopf herumgehen und die Schritte im Takt dazu über die Straße führen kann. Jene Worte:

There has fallen a splendid tear
From the passion-flower at the gate.
She is coming, my dove, my dear…

sangen mir im Blut, während ich rasch auf Headingley zuschritt.

Und dann fiel ich in einen anderen Takt, und wo die Wasser vom Wehr aufgewühlt werden, sang ich:

My heart is like a singing bird
Whose nest is in a water'd shoot;
My heart is like an apple tree...

Was für Dichter! rief ich laut, wie man es in der Dämmerung oft tut, was waren das für Dichter!

Anschließend fragte ich mich, vermutlich mit einem gewissen Neid, denn solche Vergleiche sind albern und absurd, ob man in aller Aufrichtigkeit zwei heute lebende Dichter nennen könnte, die so groß wären wie Tennyson und Christina Rossetti damals. Natürlich ist es unmöglich, dachte ich, in die schäumenden Strudel hinabblickend, sie zu vergleichen. Der Grund nämlich, warum jene Gedichte einen zu solcher Hingabe, solchem Entzücken hinreißen, ist, daß sie ein Gefühl zelebrieren, das man damals zu haben pflegte (vielleicht bei Mittagsgesellschaften vor dem Krieg), so daß man leicht und vertraut darauf reagiert, ohne dieses Gefühl groß zu überprüfen oder mit anderen zu vergleichen, die man gegenwärtig empfindet. Aber die heutigen Dichter drücken Gefühle aus, die tatsächlich heute empfunden und dem Moment entrissen sind. Man erkennt sie nicht sofort, oft fürchtet man sie aus irgendeinem Grund, man beobachtet sie scharf und vergleicht sie eifersüchtig und mißtrauisch mit dem alten Gefühl, das man kannte. Daher rührt die Schwierigkeit der modernen Dichtung, und das ist der Grund, weshalb man sich bei zeitgenössischen Dichtern nur selten an mehr als zwei aufeinanderfolgende Zeilen erinnert. Deshalb – weil mich mein Gedächtnis im Stich ließ – wurde das Argument hinfällig, denn ihm ging das Material aus. Aber warum, dachte ich, als ich weiter auf Headingley zuging, haben wir aufgehört, bei Mittagsgesellschaften verhalten zu summen? Warum singt Alfred nicht mehr:

She is coming, my dove, my dear.

Warum antwortet Christina nicht mehr:

My heart is gladder than all these
Because my love is come to me?

Sollen wir alle Schuld auf den Krieg schieben? Als im August 1914 die Kanonen losdonnerten, verrieten die Gesichter von Männern und Frauen einander deutlich, daß die Romantik ermordet worden war? Sicher war es ein Schock (besonders für Frauen mit ihren Illusionen über Bildung und so weiter), die Gesichter unserer Regierenden im Licht des Granatfeuers zu sehen. Sie sahen so häßlich aus – Deutsche, Engländer, Franzosen –, so dumm. Doch man gebe die Schuld, wem man will, die Illusion, die Tennyson und Christina Rossetti anregte, leidenschaftlich über die Ankunft ihrer Geliebten zu singen, ist heute viel seltener als damals. Man braucht nur zu lesen, hinzuschauen, zu lauschen, sich zu erinnern. Aber warum sprechen wir von »Schuld«? Wenn es eine Illusion war, warum loben wir nicht die Katastrophe, egal aus was sie bestand, weil sie die Illusion zerstörte und die Wahrheit an ihren Platz erhob? Denn die Wahrheit... diese Punkte markieren die Stelle, wo ich auf der Suche nach Wahrheit die Abzweigung nach Fernham verpaßte. Ja, in der Tat, was war Wahrheit und was Illusion, fragte ich mich. Wie lautete zum Beispiel die Wahrheit über diese Häuser, jetzt dunkel und festlich mit ihren leuchtenden Fenstern in der Dämmerung, aber um neun Uhr in der Frühe mit ihren Süßigkeiten und Schnürsenkeln roh, rot und elend? Und die Weiden und der Fluß und die Gärten, die, bis zum Fluß hinabreichend, nun im heraufziehenden Nebel verschwimmen, aber in der Sonne golden und rot leuchten – was daran war Illusion, was Wahrheit? Ich erspare Ihnen die Drehungen und Windungen meiner Erkenntnisse, denn ich kam auf der Straße nach Headingley zu keinem Schluß, und ich bitte Sie, anzunehmen, daß ich bald meinen Fehler bei der Abzweigung bemerkte und meine Schritte wieder gen Fernham richtete.

Da ich bereits erwähnt hatte, daß es Oktober war, wage ich es nicht, Ihren Respekt zu verwirken und den guten Ruf der Literatur zu gefährden, weil ich nun die Jahreszeit ändere und Flieder beschreibe, der über Gartenmauern hängt, Krokusse, Tulpen und andere Frühlingsblumen. Literatur muß sich an Fakten halten, und je genauer die Fakten, um so besser die Literatur – so wurde es uns beigebracht. Daher war es immer noch Herbst, und die Blätter waren immer noch gelb und fielen, wenn überhaupt, dann ein wenig schneller als zuvor. Denn es war nun Abend (sieben Uhr dreiundzwanzig, um genau zu sein), und eine Brise (um exakt zu sein, aus Südwesten) hatte sich aufgetan. Doch trotz allem war etwas Seltsames am Wirken:

My heart is like a singing bird
Whose nest is in a water'd shoot;
Me heart is like an apple tree
Whose boughs are bent with thick-set fruit…

Vielleicht waren Christina Rossettis Worte teilweise für die närrische Phantasie verantwortlich – es war natürlich nichts weiter als eine Phantasie –, daß der Flieder seine Blüten über die Gartenmauern schüttelte, die Zitronenfalter hin und her flatterten und Blütenstaub in der Luft lag. Es wehte ein Wind, aus welcher Richtung weiß ich nicht, aber er hob das junge Laub an, so daß es silbergrau durch die Luft blitzte. Es war die Zeit zwischen Hell und Dunkel, wenn die Farben sich vertiefen und Scharlach und Gold in den Fensterscheiben brennt wie der

Puls eines erregbaren Herzens, wenn sich aus irgendeinem Grund die Schönheit der Welt enthüllt und bald schon schwindet (an dieser Stelle schob ich mich in den Park, denn man hatte unklugerweise das Tor offen gelassen, und es schien kein Pedell in der Nähe), wenn diese Schönheit der Welt, die so bald schon vergehen muß, zwei Schneiden hat, eine aus Lachen, die andere aus Leid, die einem das Herz zerreißen. Vor mir im Frühlingszwielicht lag wild und offen der Park von Fernham, und im langen Gras wuchsen verstreut und wie achtlos hingeschleudert Narzissen und Traubenhyazinthen, die vielleicht auch in ihren besten Zeiten nicht in ordentlichen Reihen, nun aber vom Wind zerzaust und schwankend an den Wurzeln zerrten. Die Fenster des Gebäudes, gebaucht wie bei einem Schiff, zwischen großzügigen Wellen aus rotem Ziegel, wechselten unter dem Flug der raschen Frühlingswolken ihre Farbe von Zitrone zu Silber. Jemand lag in einer Hängematte, jemand anderer, aber in diesem Licht gab es nur Phantome, halb erraten, halb erkannt, rannte über das Gras – würde niemand sie aufhalten? –, und dann trat, als sei sie hinausgekommen, um frische Luft zu schnappen, einen Blick auf den Park zu werfen, eine gebückte Gestalt auf die Terrasse, eindrucksvoll, aber dennoch voller Demut mit ihrer hohen Stirn und dem schäbigen Kleid – konnte es die berühmte Gelehrte, konnte es J*** H*** selbst sein? Alles war verschwommen, aber auch intensiv, als sei das Tuch, das die Dämmerung über den Park geworfen hatte, von Stern oder Schwert zerrissen worden –, als würde der Blitz einer schrecklichen Wirklichkeit, ganz in seiner Art, direkt aus dem Herzen des Frühlings herausspringen, denn die Jugend –

Da kam meine Suppe. Das Abendessen wurde in der großen Speisehalle serviert. Es war beileibe kein Frühlings-, sondern ein Oktoberabend. Alle hatten sich in dem großen Speiseraum versammelt. Das Essen war fertig. Hier war die Suppe. Es war eine einfache Bouillon. Nichts darin konnte die Phantasie anregen. Man hätte in der durchsichtigen Flüssigkeit jedes Muster auf dem Teller erkennen können. Er hatte aber kein Muster. Der Teller war schlicht. Als nächstes gab es Rindfleisch mit den zugehörigen Gemüsen und Kartoffeln – eine hausbackene Dreieinigkeit, bei der man an Viehrümpfe auf einem schlammigen Markt denken konnte, an Rosenkohl mit gekräuselten, gelblichen Rändern, an Handel und Feilschen und Frauen mit Einkaufsnetzen an einem Montagmorgen. Es gab keinen Grund, sich über die tägliche Nahrung für die menschliche Natur zu beklagen, denn es gab reichlich, und Bergleute ließen sich gewiß zu weniger nieder. Es folgten Backpflaumen mit Vanillesoße. Und sollte sich jemand beschweren, daß Backpflaumen, auch wenn sie durch Vanillesoße gemildert sind, ein liebloses Gemüse seien (Obst sind sie nicht), so zäh wie das Herz eines Geizhalses und eine Flüssigkeit absondernd, die in den Adern von Geizhälsen fließen mag, die sich seit achtzig Jahren Wein und Wärme versagten, aber dennoch den Armen nichts gaben, so sollte man darüber nachdenken, daß es Menschen gibt, deren Großherzigkeit sogar die Backpflaume einschließt. Als nächstes gab es Käse mit Crackern, und hier machte der Wasserkrug die Runde, denn es liegt in der Natur des Crackers, trocken zu sein, und diese Cracker machten ihrer Art alle Ehre. Das war alles. Das Mahl war vorbei. Alle schurrten die Stühle zurück, die Schwingtüren gingen heftig auf und zu, bald hatte man die Halle von jedem Speiserest befreit und ohne Zweifel fürs Frühstück am nächsten Morgen vorbereitet. Die Jugend Englands polterte und sang auf Gängen und Treppen. Hatte nun ein Gast, eine Fremde (denn ich hatte ebensowenig das Recht, hier in Fernham zu sein wie in Trinity oder Somerville, Girton, Newnham oder Christchurch), das Recht zu sagen: »Das Essen war nicht gut«, oder (inzwischen saßen Mary Seton und ich hier in ihrem Wohnzimmer): »Hätten wir nicht allein hier oben essen können?«, denn falls ich etwas Derartiges gesagt hätte, hätte ich die heimliche Wirtschaft eines Hauses durchforsten und durchstöbern müssen, das für den Fremden eine so feine Fassade aus Fröhlichkeit und Tapferkeit zur Schau trägt. Nein, so etwas konnte man nicht sagen. Die Unterhaltung stockte einen Moment. Da der Mensch nun einmal ist, wie er ist, mit Herz, Körper und Gehirn, alles in einem und nicht in getrennten Abteilungen, wie es ohne Zweifel in einer Million Jahren der Fall sein wird, ist für ihn ein gutes Essen von großer Bedeutung für ein gutes Gespräch. Man kann weder gut denken noch gut lieben oder schlafen, wenn man nicht gut gespeist hat. Das Licht am Rückgrat entflammt sich nicht an Rindfleisch und Backpflaumen. Wir werden *vermutlich* alle in den Himmel kommen, und *wir hoffen*, daß Van Dyke an der nächsten Ecke zu uns stößt – das ist der zweifelhafte und mäßigende Gemütszustand, den Rindfleisch und Backpflaumen am Ende des Tagwerks erzeugen. Glücklicherweise hatte meine Freundin, die Naturwissenschaften lehrt, einen Schrank, in dem es eine bauchige Flasche und kleine Gläschen ab (aber am Anfang hätten eben Seezunge und Rebhuhn stehen müssen) – so daß wir uns ans Feuer zurückziehen und einen Teil des Schadens dieses Tages wiedergutmachen konnten. Nach wenigen Minuten glitten wir freimütig von einem Objekt der Neugier und des Interesses zum anderen, die sich in Abwesenheit einer bestimmten Person im Kopf herausbilden und die natürlich diskutiert werden, sobald man wieder zusammentrifft – daß jener geheiratet hat, dieser nicht, daß man dies oder jenes denkt, der eine sich gegen alle Erwartung gebildet hat, der andere überraschenderweise den anderen Weg nahm – mit all jenen Spekulationen über die menschliche Natur und den Charakter der erstaunlichen Welt, in der wir leben, die sich ganz natürlich aus solchen Anfängen ergeben. Während diese Dinge besprochen wurden, war mir jedoch beschämt eine Strömung bewußt, die sich verselbständigte und alles zu einem eigenen Ende weiterführte. Man hätte über Spanien oder Portugal reden können, über Bücher oder Rennpferde, aber das wahre Interesse galt bei allem Gesagten nicht jenen Dingen, sondern einem Bild von Steinmetzen auf einem hohen Dach vor fünf Jahrhunderten. Könige und Edelleute brachten Schätze in riesigen Säcken und schütteten sie in die Erde. Dieses Bild lebte in meiner Vorstellung immer wieder auf und gesellte sich zu einem anderen von mageren Kühen und einem schlammigen Markt und welkem Gemüse und den geizigen Herzen alter Männer – diese beiden Bilder, so unzusammenhängend und unverbunden und unsinnig wie sie waren, verschmolzen immer wieder miteinander, kämpften gegeneinander und hielten mich völlig in ihrem Bann. Wenn die gesamte Unterhaltung nicht verzerrt werden sollte, war es am besten, der Luft auszusetzen, was in meinem Kopf vor sich ging, und dann würde es mit ein wenig Glück so verblassen und zerfallen wie das Haupt des toten Königs, als man in Windsor seinen Sarg öffnete. Daher erzählte ich Miss Seton in aller Kürze von den Steinmetzen, die all diese Jahre auf dem Dach der Kirche zugebracht hatten, von den Königen und Königinnen und Edelleuten, die Säcke mit Gold und Silber auf den Schultern trugen, das sie in die Erde schaufelten, wie dann die großen Finanzmagnaten unserer Zeit kamen und Schecks und Obligationen spendeten, wo andere Barren und grobe Klumpen aus Gold niedergelegt hatten. All das liegt unter den Colleges dort, sagte ich, aber dieses College, in dem wir nun sitzen, was liegt unter seinen prächtigen roten Ziegeln und dem wilden, ungepflegten Rasen seines Parks? Welche Kraft liegt hinter dem schlichten Porzellan, von dem wir speisten, und (und hier entfuhr es meinem Mund, ehe ich es zurückhalten konnte) dem Rindfleisch, der Vanillesoße und den Backpflaumen?

Nun, sagte Mary Seton, etwa im Jahr 1860... Oh, aber du kennst die Geschichte, sagte sie, vermutlich gelangweilt von meiner Schilderung. Und sie erzählte mir, daß man Räume anmietete. Es trafen sich Komitees. Umschläge wurden adressiert.

Rundschreiben wurden verfaßt, Versammlungen abgehalten. Briefe wurden vorgelesen, So-und-so hat so viel versprochen, dagegen will Mr. *** keinen Pfennig geben. Die *Saturday Review* ist sehr unhöflich gewesen. Wie können wir die Gelder auftreiben, um die Verwaltung zu bezahlen? Sollen wir einen Wohltätigkeitsbasar veranstalten? Können wir nicht ein hübsches Mädchen auftreiben, das in der ersten Reihe sitzt? Schauen wir nach, was John Stuart Mill über dieses Thema zu sagen hat. Kann jemand den Herausgeber von *** überreden, einen Brief abzudrucken? Können wir Lady *** dazu bekommen, ihn zu unterzeichnen? Lady *** weilt nicht in der Stadt. So hat man es vermutlich vor sechzig Jahren geschafft, und es war ein erstaunliches Unterfangen, das viel Zeit in Anspruch nahm. Und erst nach einem langen Kampf und unter größten Schwierigkeiten bekamen sie dreißigtausend Pfund zusammen[1], daher können wir natürlich nicht Wein und Rebhuhn anbieten und haben keine Diener, die die Speisen auf dem Kopf tragen, sagte sie. Wir können keine Sofas und Einzelzimmer haben. »Die Annehmlichkeiten«, sagte sie, indem sie aus einem Buch zitierte, »werden warten müssen.«[2]

Beim Gedanken an all die Frauen, die Jahr um Jahr geschuftet hatten und es dennoch schwer fanden, zweitausend Pfund zusammenzukratzen, ganz zu schweigen von dreißigtausend, brach sich unsere Wut über die verachtenswerte Armut unseres Geschlechts Bahn. Was hatten unsere Mütter getan, daß sie uns kein Vermögen hinterlassen konnten? Hatten sie sich das Näschen gepudert? Schaufensterbummel gemacht? In Monte

1 »Man hat uns gesagt, daß wir um mindestens 30 000 Pfund bitten müßten ... das ist keine große Summe, wenn man bedenkt, daß es nur ein einziges College dieser Art in Großbritannien, Irland und den Kolonien geben wird, und wenn man bedenkt, wie leicht es ist, ungeheure Summen für Jungenschulen aufzutreiben. Doch wenn man bedenkt, wie wenige Personen wirklich wünschen, daß Mädchen eine Ausbildung erhalten, ist das eine ganze Menge.« Lady Stephen, *Emily Davies and Girton College*.

2 »Jeder Penny, den man zusammenkratzen konnte, wurde für das Gebäude bestimmt; die Annehmlichkeiten werden warten müssen.« R. Strachey, *The Cause*.

Carlo in der Sonne flaniert? Auf dem Kaminsims standen ein paar Fotografien. Marys Mutter – wenn das Bild sie darstellte – war in ihrer Muße vielleicht eine Verschwenderin gewesen (sie hatte dreizehn Kinder von einem Geistlichen), aber wenn das der Fall gewesen war, so hatte ihr fröhliches und zerstreutes Leben zu wenige Spuren der Freude auf ihrem Gesicht hinterlassen. Sie war eine freundliche, unscheinbare Person, eine alte Dame in einem karierten Umschlagtuch, das von einer großen Gemme zusammengehalten wurde; sie saß in einem Korbstuhl und bemühte sich mit belustigter, aber dennoch angestrengter Miene, einen Spaniel dazu zu bringen, in die Kamera zu blikken; es wirkte, als sei sie sicher, der Hund würde sich davonmachen, sobald auf den Auslöser gedrückt wurde. Wenn sie nun ins Geschäftsleben eingetreten wäre, wenn sie Kunstseide hergestellt oder zu einer Magnatin an der Börse geworden wäre, wenn sie Fernham zwei-, dreihunderttausend Pfund hinterlassen hätte, dann hätten wir heute abend gemütlich hier sitzen und vielleicht über Archäologie, Botanik, Anthropologie, Physik, das Wesen des Atoms, Mathematik, Astronomie, Relativität oder Geographie geredet. Wenn bloß Mrs. Seton und ihre Mutter und deren Mutter die große Kunst erlernt hätten, Geld zu verdienen und ihr Vermögen wie ihre Väter und Großväter für Stipendien und Lehrstühle, Preise und Dozentenstellen zur Nutzung durch das eigene Geschlecht gestiftet hätten, hätten wir hier sehr angenehm Geflügel und eine Flasche Wein zu uns nehmen können, wir hätten uns vielleicht ohne unangemessene Zuversicht auf ein angenehmes, ehrenvolles Leben freuen können, im Schutz eines der großzügig ausgestatteten Berufe. Wir hätten Forscherinnen oder Schriftstellerinnen sein können, oder wir hätten die ehrwürdigen Orte dieser Erde aufgesucht, hätten zufrieden auf den Stufen zum Pantheon gesessen oder gingen um zehn Uhr in ein Büro und kämen gemütlich um halb fünf heim, um ein paar Gedichte zu schreiben. Aber wenn Mrs. Seton und ihresgleichen im Alter von fünfzehn ins

Geschäftsleben eingetreten wären – und das war der Haken an der Sache –, dann gäbe es keine Mary. Und was dachte Mary darüber? fragte ich. Dort zwischen den Vorhängen hing die Oktobernacht ruhig und schön, und zwischen dem welkenden Laub funkelten ein paar Sterne. War sie bereit, ihren Anteil daran aufzugeben und ihre Erinnerungen (denn sie waren eine glückliche, wenngleich große Familie gewesen) an Spiele und Streitereien da oben in Schottland, das wegen seiner guten Luft und der Qualität seiner Kuchen zu loben sie nie müde wird, um Fernham mit einem einzigen Federstrich mit fünfzigtausend Pfund auszustatten? Denn die Ausstattung eines Colleges würde die Abschaffung von Familien insgesamt erforderlich machen. Ein Vermögen verdienen und dreizehn Kinder in die Welt setzen – das könnte kein Mensch aushalten. Bedenken wir die Tatsachen, sagten wir. Zuerst sind es die neun Monate vor der Geburt des Babys. Dann wird das Kind geboren. Darauf bringt man drei, vier Monate damit zu, es zu nähren. Danach folgen sicher fünf Jahre, in denen man mit dem Baby spielt. Es scheint, daß man Kinder nicht allein auf der Straße herumlaufen lassen kann. Leute, die gesehen haben, wie sie in Rußland wild herumlaufen, meinten, der Anblick sei kein schöner. Die Leute sagen auch, daß der menschliche Charakter zwischen dem ersten und fünften Lebensjahr seine Gestalt annimmt. Wenn Mrs. Seton, sagte ich, Geld verdient hätte, welche Erinnerungen hättest du dann an Spiele oder Streitereien? Was wüßtest du von Schottland und seiner guten Luft und den Kuchen und allem anderen? Aber es ist sinnlos, all diese Fragen zu stellen, weil du ja überhaupt nicht existiert hättest. Noch überflüssiger ist die Frage, was geschehen wäre, wenn Mrs. Seton und ihre Mutter und deren Mutter großen Reichtum angehäuft und damit die Grundlagen des Colleges und der Bibliothek gestiftet hätten, weil für sie ja zunächst einmal Geldverdienen unmöglich gewesen wäre, und selbst wenn, dann hätte man ihnen das Recht verweigert, das verdiente Geld auch zu besitzen. Erst in den letzten achtundvierzig Jahren hat Mrs. Seton eigenes Geld gehabt. In all den Jahrhunderten zuvor wäre es stets das Vermögen ihres Mannes gewesen – ein Gedanke, der vielleicht seinen Anteil daran hatte, Mrs. Seton und ihre Vorfahrinnen von der Börse fernzuhalten. Jeder Pfennig, den ich verdiene, haben sie vielleicht gemeint, wird mir abgenommen und nach dem Gutdünken meines Mannes verwendet – vielleicht, um ein Stipendium zu finanzieren, oder um einen Lehrstuhl in Balliol oder dem Kings College auszustatten. Daher ist das Geldverdienen, selbst wenn ich es könnte, nicht sonderlich interessant für mich. Das überlasse ich besser meinem Mann.

Ob die Schuld nun bei der alten Dame lag, die den Spaniel anblickte, oder nicht, es konnte jedenfalls kein Zweifel herrschen, daß unsere Mütter aus dem einen oder anderen Grund ihre Angelegenheiten schlecht verwaltet hatten. Nicht einen Penny konnte man für »Annehmlichkeiten« ausgeben, weder für Rebhühner noch für Wein, für Pedelle oder Rasen, Bücher oder Zigarren, Bibliotheken oder Muße. Nackte Mauern auf nacktem Boden zu errichten war das Äußerste, zu dem sie imstande waren.

So redeten wir, am Fenster stehend und wie so viele Tausende jeden Abend auf die Kuppeln und Türme der berühmten Stadt unter uns schauend. Sie war sehr schön, sehr geheimnisvoll im herbstlichen Mondschein. Die alten Steine wirkten sehr hell und ehrwürdig. Man dachte an all die Bücher, die dort unten versammelt waren, an die Bilder der alten Prälaten und Personen von Verdienst, die in den getäfelten Räumen hingen, an die bunten Fenster, durch die das Licht seltsame Kreise und Sicheln auf das Pflaster werfen würde, an die Springbrunnen und den Rasen, an die stillen Räume, die über stille Innenhöfe blickten. Und (man möge mir den Gedanken verzeihen) ich dachte auch an den wunderbaren Tabak und die Getränke, die tiefen Polstersessel und die schönen Teppiche, an Höflichkeit,

Freundlichkeit und Würde, die Früchte von Luxus, Ungestörtheit und Freiraum. Sicher hatten unsere Mütter uns nichts Vergleichbares geboten – unsere Mütter, die es schwierig fanden, dreißigtausend Pfund zusammenzukratzen, unsere Mütter, die Geistlichen in St. Andrews dreizehn Kinder gebaren.

Ich ging also zurück in meinen Gasthof, und beim Gang durch die dunklen Straßen dachte ich über dieses und jenes nach, wie man es am Ende eines Tages zu tun pflegt. Ich überlegte, warum Mrs. Seton kein Geld hatte, das sie uns hätte vermachen können, und welche Auswirkungen Armut auf den Verstand hat, und ich dachte an die komischen alten Herren, die ich am Morgen gesehen hatte, mit den Pelzquasten auf den Schultern, und ich erinnerte mich daran, wie einer von ihnen immer losrannte, wenn jemand pfiff, und ich dachte daran, wie die Orgel in der Kirche gedröhnt hatte und an die verschlossenen Türen der Bibliothek, und ich dachte, wie unangenehm es sei, ausgesperrt zu sein, und ich dachte, daß es vielleicht noch schlimmer sei, eingesperrt zu sein. Ich dachte an die Sicherheit und den Reichtum des einen Geschlechts und an die Armut und Unsicherheit des anderen, an die Auswirkungen von Tradition und den Mangel an Tradition auf die Gedanken eines Schriftstellers, und dann dachte ich endlich, daß es an der Zeit sei, die verschrumpelte Haut des Tages mit seinen Argumenten und seinen Eindrücken, seiner Wut und seinem Lachen aufzurollen und in die Hecke zu werfen. Tausend Sterne blitzten über die blaue Unendlichkeit des Himmels. Man schien allein mit einer unerforschlichen Gesellschaft. Alle Menschen waren eingeschlafen – dahingestreckt, horizontal, gefühllos. Niemand schien sich auf den Straßen Oxbridges zu regen – keine Seele saß noch wach, um mich ins Bett zu leuchten, so spät war es.

Zweites Kapitel

Die Szene hat sich nun – wenn ich Sie bitten darf, mir zu folgen – verändert. Die Blätter fallen immer noch von den Bäumen, aber nun in London, nicht mehr in Oxbridge, und ich muß Sie bitten, sich ein Zimmer vorzustellen wie viele Tausende, mit einem Fenster, das auf die Hüte von Menschen, auf Lieferwagen und Automobile und andere Fenster blickt, und auf dem Tisch in dem Raum liegt ein leeres Blatt Papier, auf dem in großen Buchstaben FRAUEN UND LITERATUR steht und sonst nichts. Die unvermeidliche Folge des Mittag- und Abendessens in Oxbridge schien leider ein Besuch im Britischen Museum. Man mußte alles an diesen Eindrücken, was persönlich und zufällig war, herausfiltern und die reine Flüssigkeit, das ätherische Öl der Wahrheit gewinnen. Denn dieser Besuch in Oxbridge, die Mittagsgesellschaft und das Abendessen, hatten einen Schwarm von Fragen aufgerührt. Warum tranken Männer Wein und Frauen Wasser? Warum war das eine Geschlecht so wohlhabend und das andere so arm? Welche Wirkung hat Armut auf Literatur? Welche Bedingungen sind für die Erschaffung von Kunstwerken notwendig? Tausend Fragen drängten sich auf. Aber man brauchte Antworten, keine Fragen; und eine Antwort konnte man nur bekommen, wenn man die Gelehrten und die Vorurteilslosen befragte, die sich über den Zwist der Zungen und die Verwirrungen des Leibs erhoben und die Ergebnisse ihres Nachdenkens und ihrer Forschung in Büchern dargelegt hatten, die man im Britischen Museum finden konnte. Wenn man die Wahrheit nicht auf den Regalen des Britischen Museums finden kann, wo liegt sie dann? – so fragte ich mich, nach Stift und Notizbuch greifend.

Derart ausgestattet, derart zuversichtlich und neugierig, machte ich mich auf den Weg, die Wahrheit zu finden. Der Tag war zwar nicht regnerisch, aber ungemütlich, und in den Straßen um das Museum herum waren viele Kohlenluken geöffnet, durch die man die Säcke regnen ließ; vierrädrige Droschken fuhren vor und luden auf den Gehsteigen verschnürte Kisten ab; vermutlich enthielten sie die vollständige Garderobe einer schweizerischen oder italienischen Familie auf der Suche nach Glück, Zuflucht oder einer anderen wünschenswerten Sache, die man in den Pensionen von Bloomsbury im Winter finden kann. Über die Straßen spazierten die üblichen heiseren Männer mit Pflanzen auf Schubkarren. Einige schrien, andere sangen. London war wie eine Werkstatt. London war wie eine Maschine. Wir alle wurden auf diesem schlichten Fundament hin und her geschoben, um ein Muster zu bilden. Das Britische Museum war eine weitere Abteilung dieser Fabrik. Die Schwingtüren flogen auf. Da stand man unter der hohen Kuppel wie ein Gedanke hinter einer riesigen, kahlen Stirn, die großartig mit einem Band aus berühmten Namen umgeben ist. Man ging zum Schalter, man nahm ein Stück Papier, man öffnete einen Band des Kataloges und..... die fünf Punkte hier stehen für fünf einzelne Minuten der Benommenheit, der Verwunderung und des Staunens. Haben Sie eine Ahnung, wie viele Bücher im Verlauf eines einzigen Jahres über Frauen geschrieben werden? Haben Sie eine Ahnung, wie viele von ihnen von Männern geschrieben werden? Sind Sie sich dessen bewußt, daß Sie das vielleicht am meisten diskutierte Lebewesen des Universums sind? Hier stand ich mit meinem Notizbuch und meinem Stift und der Absicht, einen Morgen lang zu lesen, in der Annahme, am Ende dieses Morgens die Wahrheit in mein Notizbuch übertragen zu haben. Aber ich müßte eine Herde von Elefanten sein und ein Nest von Spinnen, dachte ich in dem verzweifelten Versuch, mich auf Tiere zu besinnen, die angeblich am längsten leben und die meisten Augen haben, um dies hier zu bewältigen. Ich hätte Klauen aus Stahl und einen Schnabel aus Messing nötig, um nur die Schale zu durchdringen. Wie sollte ich jemals die Körnchen Wahrheit finden, die hier unter den Unmassen von Papier vergraben lagen, fragte ich mich und begann verzweifelt die langen Listen von Titeln zu überfliegen. Schon die Titel der Bücher gaben mir zu denken. Das Geschlecht und sein Wesen mochte wohl Ärzte und Biologen anziehen, aber es war überraschend und schwer zu erklären, daß das Geschlecht – das heißt Frauen – auch annehmbare Essayisten interessierte, geschickte Romanciers, junge Männer, die die Magisterprüfung bestanden hatten, Männer ohne einen Abschluß, Männer ohne offensichtliche Qualifikation, außer daß sie keine Frauen waren. Einige dieser Bücher waren dem Anschein nach frivol und derb, viele aber ernsthaft und prophetisch, moralisch und erbaulich. Allein das Lesen der Titel gab einem die Vorstellung, unzählige Schullehrer und unzählige Geistliche würden auf ihre Kanzeln und Katheder steigen und sich einer Geschwätzigkeit hingeben, die die Stunde, die man gewöhnlich dem Diskurs dieses einen Themas zubilligt, weit überschritt. Es war ein höchst seltsames Phänomen, und offensichtlich – ich schaute unter dem Buchstaben »M« nach – eines, das ausschließlich auf das männliche Geschlecht zutraf. Frauen schrieben keine Bücher über Männer – eine Tatsache, die mit Erleichterung zu begrüßen ich nicht umhin konnte, denn wenn ich zuerst alles lesen mußte, was Männer über Frauen geschrieben hatten, und dann alles, was Frauen über Männer geschrieben hatten, dann würde die Aloe, die nur einmal in hundert Jahren blüht, zweimal erblühen, ehe ich auch nur eine Zeile aufs Papier gebracht hatte. Ich traf also eine völlig willkürliche Auswahl von etwa einem Dutzend Bänden, legte meine Zettel in einen Drahtkorb und wartete zusammen mit den anderen Suchern nach dem ätherischen Öl der Wahrheit an meinem Platz.

Was konnte denn der Grund sein für diese seltsame Ungleichheit, fragte ich mich, während ich Wagenräder auf die Blätter zeichnete, die der britische Steuerzahler einem für gänzlich andere Zwecke zur Verfügung stellt. Warum sind, nach diesem Katalog zu urteilen, Frauen für Männer so viel interessanter als Männer für Frauen? Das schien mir eine sehr seltsame Tatsache, und meine Gedanken schweiften ab und malten sich das Leben von Männern aus, die ihre Zeit damit zubringen, Bücher über Frauen zu schreiben: ob sie alt oder jung waren, verheiratet oder Junggesellen, rotnasig oder bucklig. Aber irgendwie war es auch schmeichelnd, sich als Objekt von so viel Aufmerksamkeit zu wissen – falls sie nicht gänzlich die von Krüppeln und Invaliden war. So sann ich, bis all diesen frivolen Gedanken durch eine Lawine von Büchern ein Ende gesetzt wurde, die auf das Pult vor mir glitten. Nun begannen die Probleme. Der Student, den man in Oxbridge mit Forschungsmethoden vertraut gemacht hat, weiß ohne Zweifel, wie man seine Frage an allen Ablenkungen vorbei bugsieren kann, bis sie, wie ein Schaf in seinen Pferch, auf ihre Antwort stößt. Der Student neben mir zum Beispiel schrieb fleißig aus einem wissenschaftlichen Handbuch ab und förderte etwa alle zehn Minuten sicherlich wahre Klumpen reinen Erzes. Das deuteten seine leisen Grunzer der Befriedigung jedenfalls an. Doch wenn man das Pech hat, keinerlei Ausbildung an einer Universität gehabt zu haben, dann kann die Frage keineswegs leicht in den Pferch der Antwort getrieben werden, sondern flüchtet sich wie eine erschreckte, von einer Hundemeute verfolgte Schafherde holterdiepolter hier- und dorthin. Professoren, Lehrer, Soziologen, Geistliche, Romanciers, Essayisten, Journalisten, Männer ohne weitere Qualifikation außer der, daß sie keine Frauen waren, hetzten meine schlichte, einfache Frage: Warum sind Frauen arm? Bis daraus fünfzig Fragen wurden, bis die fünfzig Fragen sich panisch in einen Strom stürzten und fortgerissen wurden. Jede Seite in meinem Notizbuch war vollgekritzelt. Um zu verdeutlichen, in welchem Geisteszustand ich mich befand, werde ich Ihnen ein paar Anmerkungen vorlesen, dazu erklären, daß die Seite schlicht und einfach mit FRAUEN UND ARMUT in Blockbuchstaben überschrieben war, aber dann Dinge folgten wie:

Bedingungen im Mittelalter der F.
Sitten auf den Fidschi-Inseln
als Göttinnen verehrt
im moralischen Sinne schwächer
Idealismus der F.
größere Gewissenhaftigkeit der F.
Südseeinsulaner, Pubertätsalter
Attraktivität der F.
als Opfer dargeboten
kleinere Gehirngröße der F.
bedeutenderes Unterbewußtes der F.
geringere Körperbehaarung der F.
geistige, moralische und körperliche Unterlegenheit der F.
Liebe zu Kindern
höhere Lebensdauer der F.
schwächere Muskelkraft der F.
Stärke der Zuneigung der F.
Eitelkeit der F.
höhere Bildung der F.
Shakespeares Meinung von F.
Lord Birkenheads Meinung
Dean Inges Meinung
La Bruyères Meinung
Dr. Johnsons Meinung
Mr. Oscar Brownings Meinung...

Da holte ich tief Luft und fügte – am Rand – hinzu: Warum meint Samuel Butler: »Kluge Männer sagen nie, was sie von Frauen denken.« Kluge Männer sagen offensichtlich nie etwas anderes. Aber, fuhr ich fort, mich zurücklehnend und zu der hohen Kuppel hochblickend, in der ich ein einziger, aber nun ziemlich verstörter Gedanke war, am schlimmsten ist, daß kluge Männer niemals das gleiche über Frauen denken. Hier zum Beispiel Pope:

> »*Die meisten Frauen haben keinerlei Charakter.*«

Und La Bruyère:

> »*Les femmes sont extrèmes, elles sont meilleures ou pires que les hommes...*«

Ein scharfer Gegensatz unter scharfen Beobachtern und Zeitgenossen. Sind sie zu Bildung fähig oder unfähig? Napoleon hielt sie für unfähig. Dr. Johnson war vom Gegenteil überzeugt.[3]

Haben sie Seelen oder nicht? Einige Wilde meinen, sie hätten keine. Andere hingegen behaupten, daß Frauen halb göttlich seien und verehren sie daher.[4] Einige Weise meinen, daß ihr Denken oberflächlicher sei, andere, ihr Bewußtsein sei tiefer. Goethe verehrte sie, Mussolini verachtet sie. Wo immer man hinblickte, machten sich Männer Gedanken über Frauen, und alle waren anders. Es war unmöglich, einen Sinn daraus zu ziehen, beschloß ich und warf einen neidischen Blick auf den Leser neben mir, der fein säuberliche Auszüge erstellte, oft mit einem vorangestellten A, B oder C, während meine Kladde vor

3 »›Die Männer wissen, daß die Frauen ihnen überlegen sind, und daher suchen sie sich die schwächsten oder dümmsten aus. Wenn sie davon nicht überzeugt wären, hätten sie niemals soviel Angst davor, daß Frauen so viel lernen wie sie.‹ ...Um dem anderen Geschlecht gerecht zu werden, kann ich wohl nur offen zugeben, daß er in einer folgenden Konversation sagte, er habe das Gesagte ernst gemeint.« Boswell, *Tagebuch einer Reise zu den Hebriden*.

4 »Die alten Germanen glaubten, Frauen hätten etwas Heiliges, und sie wenden sich daher an sie wie an ein Orakel.« Frazer, *Golden Bough*.

wildem Gekritzel einander widersprechender Notizen überquoll. Es war bedrückend, es war demütigend. Mir war die Wahrheit durch die Finger geglitten. Jeder Tropfen hatte sich verflüchtigt.

Ich konnte unmöglich hingehen, überlegte ich, und als ernsthaften Beitrag zur Forschung über Frauen und Literatur darlegen, daß Frauen weniger Körperhaare als Männer haben oder das Reifealter unter den Südseeinsulanern neun Jahre beträgt – oder waren es neunzig? Selbst meine Handschrift war bei all diesen Abschweifungen unleserlich geworden. Es war eine Schande, nach einem Morgen Arbeit nichts Gewichtigeres und Respektableres aufzuweisen zu haben. Und wenn ich die Wahrheit über die F. (so nannte ich sie der Kürze halber) in der Vergangenheit nicht erkennen konnte, warum scherte ich mich um die F. in der Zukunft? Es schien reine Zeitverschwendung, all diese Herren zu befragen, die sich auf Frauen und ihre Wirkung auf was auch immer spezialisiert hatten – sei es Politik, Kinder, Löhne, Moral –, so zahlreich und gelehrt sie auch sein mochten. Man konnte ihre Bücher genausogut ungeöffnet lassen.

Doch in meiner Lustlosigkeit, in meiner Verzweiflung hatte ich bei diesen Gedanken unbewußt ein Bild gemalt, während ich, wie mein Nachbar, eine Schlußfolgerung hätte schreiben sollen. Ich hatte ein Gesicht, eine Gestalt gezeichnet. Es war das Gesicht und die Gestalt von Professor von X beim Schreiben seines monumentalen Werks mit dem Titel: *The Mental, Moral and Physical Inferiority of the Female Sex*. Auf meinem Bild sah er nicht wie ein Mann aus, den Frauen anziehend finden. Er war dicklich, hatte einen ausgeprägten Kiefer und, um das auszugleichen, sehr kleine Augen sowie ein puterrotes Gesicht. Seine Miene verriet, daß er unter einer bestimmten Emotion litt, die ihn veranlaßte, mit der Feder aufs Papier einzustechen, als wolle er beim Schreiben ein ärgerliches Insekt töten, aber auch wenn er es umgebracht hatte, würde er nicht zufrieden sein; er mußte weiter darauf einhauen, und selbst dann blieb ein Grund für Wut und Gereiztheit bestehen. Konnte es seine Frau sein? fragte ich mich, mein Bild betrachtend. Hatte sie sich in einen Kavallerieoffizier verliebt? War der Kavallerieoffizier schlank und elegant und trug einen Astrachanpelz? Hatte ihn, um die Freudsche Theorie anzuwenden, in der Wiege ein hübsches Mädchen ausgelacht? Denn selbst in der Wiege konnte der Professor, so dachte ich, kein liebenswürdiges Kind gewesen sein. Gleichwie, der Professor sah auf meiner Zeichnung sehr wütend und sehr häßlich aus, während er sein großes Werk über die geistige, moralische und körperliche Unterlegenheit der Frau schrieb. Bilder malen war eine frivole Art, die unergiebige Arbeit eines Morgens abzuschließen. Doch genau in diesen trägen Momenten, in unseren Träumen, taucht die unterdrückte Wahrheit manchmal auf. Eine ganz elementare Übung der Psychologie, die man nicht mit dem Namen Psychoanalyse würdigen sollte, verriet mir mit einem Blick in mein Notizbuch, daß die Zeichnung des wütenden Professors in Wut entstanden war. Wut hatte sich meines Stiftes bemächtigt, während ich träumte. Aber was hatte Wut hier zu suchen? Interesse, Verwirrung, Belustigung, Langeweile – all diese Gefühle konnte ich nachspüren und benennen, wie sie an diesem Morgen aufeinander gefolgt waren. Hatte die Wut, die schwarze Schlange, zwischen ihnen gelauert? Ja, sagte die Zeichnung, das hatte sie. Das führte mich unfehlbar zu dem einen Buch, dem einen Satz, der den Dämon hatte auferstehen lassen, und dabei handelte es sich um die Bemerkung des Professors über die geistige, moralische und körperliche Unterlegenheit der Frau. Mein Herz hatte einen Sprung getan. Meine Wangen hatten gebrannt. Ich war vor Wut errötet. Das hatte aber nichts besonders Bemerkenswertes, obwohl es dumm war. Man hört nicht gern, wenn man von einem kleinen Männchen als natürlich unterlegen bezeichnet wird – hier blickte ich zu dem Studenten neben mir, der schwer atmete, eine Konfektionskrawatte trug und sich seit zwei Wochen nicht rasiert hatte. Man hat gewisse dumme Eitelkeiten. Das ist nur menschlich, dachte ich, und begann Wagenräder und Kreise über das wütende Gesicht des Professors zu kritzeln, bis er aussah wie ein brennender Busch oder ein flammender Komet – jedenfalls wie eine Erscheinung ohne menschliche Ähnlichkeit oder Bedeutung. Der Professor war nun nichts weiter als ein brennendes Reisigbündel auf Hampstead Heath. Bald war meine Wut erklärt und verraucht; doch die Neugier blieb. Wie ließ sich die Wut der Professoren erklären? Warum waren sie wütend? Denn wenn man die von diesen Büchern hinterlassenen Eindrücke analysierte, so gab es immer ein Element von Erregung. Diese Erregung nahm vielerlei Formen an; sie zeigte sich in Satire, in der Geisteshaltung, in Neugier, in Mißbilligung. Aber es gab noch ein anderes Element, das oft auftauchte und nicht unmittelbar identifiziert werden konnte. Ich nannte es Wut. Aber es war eine Wut, die untergetaucht war und sich mit allen möglichen anderen Gefühlen vermischt hatte. Ihrer seltsamen Wirkung nach zu urteilen, war es verhüllte und komplexe Wut, keine einfache und offene.

Als ich den Bücherstapel auf meinem Tisch musterte, dachte ich, gleich aus welchem Grund, sie sind für meine Zwecke sämtlich wertlos. Das hieß, sie waren vom wissenschaftlichen Standpunkt aus wertlos, obwohl menschlich gesehen voller Informationen, Interesse, Langeweile und sehr seltsamer Fakten über die Gewohnheiten der Fidschi-Insulaner. Doch sie waren im roten Licht des Gefühls geschrieben, nicht im weißen Licht der Wahrheit. Daher mußten sie zurück zum Schalter gebracht und jedes zurück in seine Zelle dieses riesigen Bienenstocks verfrachtet werden. Ich hatte diesem Arbeitsmorgen eine einzige Tatsache abgerungen, und das war Wut. Die Professoren – ich warf sie alle in einen Topf – waren wütend. Aber warum, fragte ich mich, nachdem ich die Bücher zurückgebracht hatte, warum, wiederholte ich unter den Säulen zwischen den Tauben und den prähistorischen Kanus, warum waren sie wütend? Und mit dieser Frage beschäftigt spazierte ich auf der Suche nach einem Mittagessen davon. Was war das wahre Wesen dessen, was ich im Moment ihre Wut nannte? fragte ich. Hier lag ein Rätsel, das mich die ganze Zeit über beschäftigte, bis ich in einem kleinen Restaurant in der Nähe des Britischen Museums ein Mittagessen serviert bekam. Ein Vorgänger an diesem Tisch hatte die Mittagsausgabe der Abendzeitung auf einem Stuhl liegengelassen, und während ich auf mein Essen wartete, begann ich die Schlagzeilen zu überfliegen. Quer über die Seite verlief ein Band aus sehr großen Buchstaben. In Südafrika hatte jemand einen großen Erfolg erzielt. Kleinere Bänder verkündeten, daß Sir Austen Chamberlain sich in Genf aufhielt. In einem Keller war ein Metzgerbeil mit menschlichem Haar daran gefunden worden. Richter Soundso hatte bei einem Scheidungsfall Bemerkungen über die Schamlosigkeit der Frauen gemacht. Über die Seite verstreut gab es noch andere Nachrichten. In Kalifornien hatte man eine Filmschauspielerin von einem Berggipfel herabgesenkt und mitten in der Luft hängen gelassen. Das Wetter würde neblig werden. Selbst der flüchtigste Besucher auf diesem Planeten, dachte ich, der diese Zeitung in die Finger bekam, konnte nicht umhin, schon anhand dieser bruchstückhaften Beweise zu bemerken, daß England unter der Herrschaft eines Patriarchats stand. Niemand bei rechtem Verstand konnte es versäumen, die Vorherrschaft des Professors zu entdecken. Er hatte die Macht, das Geld und den Einfluß. Er war der Besitzer der Zeitung, sein Redakteur und sein Reporter. Er war der Außenminister und der Richter. Er war der Kricketspieler, er besaß die Rennpferde und die Jachten. Er war der Direktor der Gesellschaft, die ihren Anteilseignern zweihundert Prozent Dividende zahlte. Er hinterließ seine Millionen Wohlfahrtsorganisationen und Colleges, die von ihm beherrscht wurden. Er ließ die Schauspielerin mitten in der Luft hängen. Er wird beschließen, ob das Haar an dem Hackbeil menschlich ist, und er wird den Mörder freisprechen oder verurteilen, ihn hängen oder frei ziehen lassen. Mit Ausnahme des Nebels schien er alles unter Kontrolle zu haben. Und dennoch war er wütend. Ich wußte aufgrund dieser Zeichen, daß er wütend war. Als ich las, was er über Frauen schrieb, dachte ich nicht daran, was er sagte, sondern an ihn selbst. Wenn jemand leidenschaftslos etwas diskutiert, denkt er lediglich an seine Behauptung, und dann denkt der Leser wohl auch kaum an etwas anderes. Wenn er sachlich und leidenschaftslos über Frauen geschrieben, wenn er unstrittige Beweise angeführt hätte, um seine These zu belegen, wenn er mit keinem Anzeichen seinen Wunsch verraten hätte, das Ergebnis solle so und nicht anders ausfallen, wäre man auch nicht wütend geworden. Man hätte die Tatsache akzeptiert, wie man akzeptiert, daß Erbsen grün und Kanarienvögel gelb sind. So ist es also, hätte ich gesagt. Aber ich war wütend gewesen, weil er wütend war. Doch das schien absurd, dachte ich, als ich die Seite der Abendzeitung umblätterte, daß ein Mann mit all dieser Macht wütend sein sollte. Oder ist Wut, überlegte ich, irgendwie der Vertraute der Macht, der sie begleitende Kobold? Reiche Leute zum Beispiel sind oft wütend, weil sie vermuten, daß die Armen ihnen den Reichtum fortnehmen wollen. Die Professoren, oder Patriarchen, wie man sie genauer bezeichnen sollte, waren vielleicht teilweise aus diesem Grund wütend, aber teilweise auch aus einem, der weniger auffällig unter der Oberfläche liegt. Vermutlich waren sie überhaupt nicht »wütend«, oft waren sie in der Tat in ihren privaten Beziehungen bewundernd, ergeben, beispielhaft. Als der Professor ein wenig zu nachdrücklich auf der Unterlegenheit der Frau bestand, sorgte er sich möglicherweise weniger um deren Unterlegenheit, sondern um seine eigene Überlegenheit. Diese schützte er recht hitzköpfig und mit zuviel Nachdruck, weil sie für ihn ein Kleinod von höchstem Wert darstellte. Das Leben ist für beide Geschlechter – ich betrachtete sie, wie sie sich durch das Gedränge auf dem Gehsteig schoben – mühsam, schwierig, ein ständiger Kampf. Es bedarf dazu gigantischer Tapferkeit und Kraft. Mehr als alles andere aber braucht man – Geschöpfe der Illusion, die wir einmal sind – dazu Vertrauen zu sich selbst. Ohne Selbstvertrauen sind wir wie Säuglinge in der Wiege. Aber wie können wir diese unwägbare, aber auch unschätzbare Eigenschaft am schnellsten erschaffen? Indem wir denken, daß andere Menschen uns unterlegen sind, mit dem Gefühl, daß man über angeborene Überlegenheit über andere verfügt – etwa hinsichtlich Reichtum, Rang oder Geradnasigkeit, oder aufgrund der Tatsache, daß man das Portrait eines Großvaters von Romney besitzt – denn den jämmerlichen Einfällen der menschlichen Phantasie scheinen keine Grenzen gesetzt. Daher hat das Gefühl, daß eine große Anzahl von Menschen – nämlich die Hälfte der Menschheit – ihm von Natur aus unterlegen ist, ungeheure Bedeutung für den Patriarchen, der erobern und regieren muß. Es muß in der Tat die Hauptquelle seiner Macht sein. Aber betrachten wir das wirkliche Leben unter dem Licht dieser Erkenntnis, überlegte ich. Hilft sie, einige jener psychologischen Rätsel zu erklären, die man am Rand des Alltags beobachtet? Erklärt sie mein Erstaunen neulich, als Z., einer der menschlichsten und bescheidensten Männer, ein Buch von Rebecca West in die Hand nahm, einen Absatz darin las und ausrief: »Diese abgefeimte Feministin! Sagt hier, Männer seien Snobs!« Dieser Ausruf, für mich völlig überraschend – denn warum war Miss West eine abgefeimte Feministin, wenn sie eine möglicherweise wahre, wenn auch wenig schmeichelhafte Bemerkung über das andere Geschlecht machte? –, dieser Ausruf war nicht bloß der Schrei verwundeter Eitelkeit, sondern ein Protest gegen einen Übergriff auf seine Macht, an sich selbst zu glauben. Seit Jahrhunderten dienen Frauen als Spiegel mit der zaubrischen und köstlichen Kraft, die Gestalten von Männern in doppelter Größe wiederzugeben. Ohne diese Gabe wäre die Erde vermutlich immer noch bloß Sumpf und Dschungel. Die Ruhmestaten aller Kriege wären unbekannt. Wir würden wohl immer noch die Konturen von Rotwild auf die Reste von Hammelknochen ritzen und Feuersteine gegen Schaffelle tauschen oder welch schlichten Schmuck unser unverbildeter Geschmack auch immer schätzte. Der Übermensch und die »Werkzeuge des Schicksals« hätten niemals existiert. Der Zar und der Kaiser hätten niemals Kronen getragen oder verloren. Was auch immer der Nutzen von Spiegeln in einer zivilisierten Gesellschaft sein mag, sie sind für alle gewalttätigen und heroischen Taten notwendig. Daher bestanden Napoleon und Mussolini so hartnäckig auf der Unterlegenheit der Frau, denn wenn sie nicht unterlegen wären, würden sie selbst nicht mehr übergroß sein. Das dient als teilweise Erklärung, wie notwendig Frauen für Männer sind. Und es dient als Erklärung, wie unwohl ihnen unter deren Kritik wird, wie unmöglich es für Frauen ist, zu sagen, dieses Buch ist schlecht, jenes Bild ist schwach oder was auch immer, ohne weitaus mehr Schmerz zuzufügen oder weitaus mehr Wut zu erzeugen als ein Mann, der die gleiche Kritik äußerte. Denn wenn sie beginnt, die Wahrheit zu sagen, schrumpft die Gestalt in dem Spiegel, seine Lebensfähigkeit wird verringert. Wie soll er weiterhin Urteile sprechen, Eingeborene zivilisieren, Gesetze schaffen, Bücher schreiben, sich ankleiden und bei Banketten Reden schwingen, wenn er sich nicht bei Frühstück und Abendessen mindestens doppelt so groß sehen kann, wie er in Wirklichkeit ist? So überlegte ich, während ich mein Brot zerkrümelte, in meinem Kaffee rührte und hin und wieder die Menschen auf der Straße betrachtete. Die Spiegelvision ist von höchster Wichtigkeit, denn sie lädt die Lebenskraft auf, sie stimuliert das Nervensystem. Nimm sie fort, und der Mann geht zugrunde wie der Drogenfreund, dem man sein Kokain fortnimmt. Im Banne dieser Illusion, dachte ich aus dem Fenster blickend, strebt die Hälfte aller Menschen auf dem Gehsteig dort zur Arbeit. Unter ihren angenehmen Strahlen setzen sie sich jeden Morgen den Hut auf und ziehen sich den Mantel über. Sie beginnen den Tag selbstsicher, gestärkt und in dem Glauben, sie seien bei Miss Smiths Teegesellschaft erwünscht; sie sagen sich, wenn sie den Raum betreten, ich bin der Hälfte aller Menschen hier überlegen. Daher sprechen sie mit jenem Selbstvertrauen, jener Selbstsicherheit, die so grundsätzliche Folgen im öffentlichen Leben hatte und zu so seltsamen Randbemerkungen im privaten Denken geführt hat.

Aber diese Beiträge zum gefährlichen und faszinierenden Thema der Psychologie des anderen Geschlechts – eines, daß Sie hoffentlich weiter untersuchen, wenn Sie auch fünfhundert im Jahr für sich haben – wurden von der Notwendigkeit unterbrochen, die Rechnung zu bezahlen. Sie betrug fünf Schillinge und neun Pence. Ich gab dem Kellner eine Zehnschillingnote, und er ging, um das Wechselgeld zu holen. In meiner Börse befand sich eine weitere Zehnschillingnote; das fiel mir auf, weil diese Tatsache mir immer noch den Atem verschlägt – die Eigenschaft meiner Börse, automatisch immer neue Zehnschillingnoten zu erzeugen. Ich öffne sie, und da stecken sie. Die Gesellschaft gibt mir Hühnchen und Kaffee, Bett und Wohnraum als Gegenleistung für eine bestimmte Anzahl von Papierstücken, die mir eine Tante hinterlassen hat, und zwar aus keinem anderen Grund, als daß wir den gleichen Namen tragen.

Ich muß erwähnen, daß meine Tante, Mary Beton, bei einem Spazierritt in Bombay vom Pferd stürzte und starb. Die Nachricht meiner Erbschaft erreichte mich eines Abends etwa um die gleiche Zeit, als man das Gesetz verabschiedete, das den Frauen das Wahlrecht gab. Der Brief eines Anwaltes fiel in den Postkasten, und als ich ihn öffnete, las ich, daß sie mir bis an mein Lebensende fünfhundert Pfund im Jahr vermacht hatte. Von diesen beiden Ereignissen – dem Wahlrecht und dem Erbe – schien mir, ich gestehe es, das Geld unermeßlich wichtiger.

Davor hatte ich meinen Lebensunterhalt mit gelegentlichen kleinen Arbeiten für eine Zeitung verdient, indem ich hier über eine Eselsschau oder da über eine Hochzeit berichtete. Ich hatte ein paar Pfund verdient, indem ich Umschläge adressierte, alten Damen vorlas, künstliche Blumen verfertigte und kleinen Kindern im Kindergarten das Alphabet beibrachte. Das waren die Hauptbeschäftigungen, die Frauen vor 1918 offenstanden. Ich fürchte, ich brauche nicht in allen Einzelheiten die Mühsal dieser Arbeit zu beschreiben, denn Sie kennen vielleicht Frauen, die solches getan haben, und die Schwierigkeit, von dem verdienten Geld zu leben, denn Sie haben es vielleicht selbst versucht. Doch was ich bis heute als die schlimmere Plage empfinde, war das Gift der Angst und der Bitterkeit, die diese Tage in mir erzeugten. Zunächst einmal stets Arbeiten zu verrichten, die man nicht zu tun wünscht, sie wie eine Sklavin zu tun, schmeichelnd und speichelleckend, was vielleicht nicht immer notwendig ist, aber notwendig schien, denn es ging um zuviel, um das Risiko einzugehen; dann der Gedanke an das eine Talent, das zu verbergen den Tod bedeutete – gering, aber der Besitzerin allzu teuer –, das zusammen mit meinem Selbst, meiner Seele verging – all dies wurde zum Rostbrand, der die Blüte meines Frühlings fraß und den Baum in seinem Mark zerstörte. Jedoch starb, wie ich schon sagte, meine Tante, und immer wenn ich eine Zehnschillingnote wechsele, reibt sich ein wenig von diesem Rost und der Korrosion ab, Angst und Bitterkeit schwinden ein wenig mehr. Als ich das Silber in meine Börse gleiten ließ, dachte ich, mich an die Bitterkeit jener Tage erinnernd, wie bemerkenswert es doch sei, welchen Gemütswandel ein festes Einkommen mit sich bringt. Keine Macht der Welt kann mir meine fünfhundert Pfund im Jahr nehmen. Mein Essen, meine Wohnung und meine Kleidung sind auf immer gesichert. Daher gehören nicht allein Mühen und Arbeit, sondern auch Haß und Bitterkeit der Vergangenheit an. Ich brauche keinen Mann zu hassen, denn keiner kann mich verletzen. Ich brauche keinem Mann zu schmeicheln, er hat mir nichts zu geben. Ich merkte, wie ich ganz allmählich eine andere Haltung gegenüber der anderen Hälfte der Menschheit einnahm. Es war absurd, eine Klasse oder ein Geschlecht als Ganzes zu verurteilen. Große Massen Menschen sind nie für ihr Tun verantwortlich. Sie werden von Instinkten getrieben, die außerhalb ihrer Kontrolle liegen. Auch die Patriarchen, die Professoren, hatten endlose Schwierigkeiten und schreckliche Rückschläge zu bewältigen. Ihre Erziehung war auf bestimmte Weise ebenso mangelhaft gewesen wie meine. Sie hatte in ihnen ebenso starke Schwächen erzeugt. Sicher, sie hatten Geld und Macht, aber nur zu dem Preis, daß sie in ihrer Brust einen Adler, einen Geier bargen, der ihnen auf ewig an der Leber riß und an den Lungen zerrte – den Instinkt, zu besitzen, die Wut, zu erobern, die sie antreiben, ständig Felder und Güter des Nachbarn zu begehren; Grenzen und Fahnen aufzurichten, Kampfschiffe und Giftgas zu erzeugen, ihr eigenes Leben und das ihrer Kinder zu opfern. Gehen Sie durch den Admiralsbogen (ich war gerade an diesem Denkmal angekommen) oder durch andere Prachtstraßen, die man Trophäen und Kanonen gewidmet hat, und denken Sie über den Ruhm nach, den man hier preist. Oder sehen Sie zu, wie der Börsenmakler und der berühmte Anwalt aus der Frühlingssonne in Häuser gehen und Geld und mehr Geld und noch mehr Geld machen, während doch die Tatsache bekannt ist, daß man von fünfhundert Pfund im Jahr angenehm leben kann. Was für unangenehme Triebe, dachte ich. Sie werden aus den Lebensbedingungen gezüchtet, aus dem Mangel an Zivilisation, dachte ich, mit einer Festigkeit auf die Statue des Herzogs von Cambridge blickend, besonders auf die Feder seines spitzen Hutes, wie diese es wohl noch nie zuvor erlebt hatte. Und als mir diese Nachteile bewußt wurden, da verwandelten sich Angst und Bitterkeit allmählich in Mitleid und Nachsicht, und nach ein paar Jahren wichen auch Mitleid und Nachsicht, und dann trat die größte Erlösung ein, die

Freiheit, die Dinge an sich zu bedenken. Jenes Gebäude zum Beispiel, gefällt es mir oder nicht? Ist das Bild schön oder nicht? Ist dies meiner Meinung nach ein gutes Buch oder nicht? Die Erbschaft meiner Tante gab in der Tat den Himmel für mich frei und schenkte mir statt der großen, beeindruckenden Gestalt eines Gentlemans, den Milton meiner stetigen Anbetung anempfahl, einen Blick auf das offene Firmament.

Mit diesen Gedanken und Spekulationen fand ich den Weg zurück zu meinem Haus am Fluß. Lampen wurden angezündet, und seit der Morgenstunde hatte ein unbeschreibbarer Wandel London überzogen. Es war, als hätte die große Maschine, nachdem sie den ganzen Tag geschuftet hatte, mit unserer Hilfe ein paar Yards von etwas sehr Aufregendem und Schönem geschaffen – ein feuriges Gebilde mit rotblitzenden Augen, ein lohfarbenes Monster, das mit heißem Atem brüllte. Selbst der Wind schien wie eine Fahne zu schwingen, als er die Häuser peitschte und an den Reklametafeln rüttelte.

In meiner kleinen Straße herrschte jedoch Häuslichkeit vor. Der Anstreicher stieg die Leiter herab, die Amme schob vorsichtig den Kinderwagen herein, um die Abendmahlzeit für die Kleinen zu bereiten, der Kohlenmann faltete seine leeren Säcke und legte sie auf einen Stapel. Die Frau aus dem Gemüseladen zählte mit rotbehandschuhten Fäusten die Einnahmen des Tages zusammen. Aber ich war von dem Problem, das Sie meinen Schultern aufgebürdet haben, so beschäftigt, daß ich selbst diese gewöhnlichen Anblicke nicht aufnehmen konnte, ohne sie auf einen Mittelpunkt hin zu beziehen. Ich dachte, wieviel schwerer es heute als vielleicht vor einem Jahrhundert war, festzulegen, welcher dieser Berufe der wertvollere, notwendigere sei. Ist es besser, ein Kohlenmann zu sein oder eine Kinderfrau; ist die Aufwartefrau, die acht Kinder großgezogen hat, für die Welt weniger wert als der Anwalt, der hunderttausend Pfund zusammenverdient hat? Solche Fragen sind aber nutzlos, denn niemand kann sie beantworten. Nicht nur fällt und steigt die vergleichbare Wertschätzung von Aufwartefrauen und Anwälten von einem Jahrzehnt zum anderen, sondern wir haben nicht einmal einen Maßstab, den wir ihnen in diesem Moment anlegen könnten. Ich war dumm gewesen, meinen Professor zu bitten, mir »unwiderlegbare Beweise« für dies oder jenes in seiner Argumentation über Frauen zu geben. Selbst wenn man den Wert eines Geschenkes in einem Moment festlegen kann, verändern sich solche Werte; in einem Jahrhundert werden sie sich vermutlich völlig geändert haben. In hundert Jahren, dachte ich, als ich an meiner Schwelle ankam, werden Frauen nicht mehr das beschützte Geschlecht sein. Logischerweise werden sie dann an allen Aktivitäten und Anstrengungen teilhaben, die ihnen einst verweigert wurden. Die Kinderfrau wird Kohlen schleppen. Die Gemüsehändlerin wird eine Maschine steuern. Alle Annahmen, die auf Tatsachen beruhen, die man akzeptierte, als Frauen das behütete Geschlecht waren, werden verschwunden sein, wie zum Beispiel (und da marschierte ein Trupp Soldaten über die Straße), daß Frauen, Geistliche und Gärtner länger leben als andere Menschen. Nehmen wir ihnen diesen Schutz, setzen wir sie den gleichen Anstrengungen und Aktivitäten aus, machen wir sie zu Soldaten und Seeleuten und Maschinisten und Hafenarbeitern; werden dann Frauen nicht viel früher und schneller sterben als Männer, so daß man sagen wird: »Ich habe heute eine Frau gesehen«, wie man zu sagen pflegte: »Ich habe ein Flugzeug gesehen.« Alles kann geschehen, wenn Frausein nicht mehr als geschützter Beruf gilt, dachte ich, als ich die Tür öffnete. Aber welchen Einfluß hat all dies auf das Thema meines Vortrags, Frauen und Literatur, fragte ich mich beim Eintreten.

Drittes Kapitel

Es war enttäuschend, am Ende des Tages keine wichtige Erklärung, keine belegbare Tatsache mitgebracht zu haben. Frauen sind ärmer als Männer, weil – dies oder das. Vielleicht wäre es wirklich besser, die Suche nach der Wahrheit aufzugeben und keine Lawine aus Meinungen, heiß wie Lava, trüb wie Spülwasser, auf den Kopf einstürzen zu lassen. Es wäre besser, die Vorhänge zuzuziehen, um Ablenkungen auszuschließen, die Lampe anzuzünden, die Untersuchung zu konzentrieren und die Historiker zu bitten, die keine Meinungen, sondern Fakten aufzeichnen, zu beschreiben, unter welchen Bedingungen Frauen lebten, nicht allgemein, sondern, sagen wir, im elisabethanischen England.

Denn es bleibt ein ungelöstes Rätsel, warum keine Frau auch nur ein Wort dieser ungewöhnlichen Literatur schrieb, während anscheinend fast alle Männer zu Lied oder Sonett fähig waren. Unter welchen Bedingungen lebten die Frauen, fragte ich mich, denn Literatur, das heißt kreative Arbeit, fällt nicht wie ein Kiesel auf den Boden, wie etwa die Wissenschaft; Literatur ist vielmehr wie ein Spinnennetz, das vielleicht nur ganz leicht, aber dennoch an allen vier Ecken mit dem Leben verbunden ist. Oft ist diese Befestigung kaum wahrnehmbar. Shakespeares Theaterstücke zum Beispiel scheinen da völlig frei zu hängen. Doch wenn man an dem Netz zerrt, es am Rand verhakt, in der Mitte zerreißt, wird man daran erinnert, daß diese Fäden nicht mitten in der Luft von körperlosen Kreaturen gesponnen werden, sondern das Werk leidender Menschenwesen sind und an grob materiellen Dingen befestigt, wie an Gesundheit und Geld und an den Häusern, in denen wir leben.

Ich trat daher zu dem Regal, auf dem die Geschichtsbücher standen, und nahm einen der neuesten Bände herab, Professor Trevelyans *History of England*. Wieder schaute ich unter dem Stichwort »Frauen« nach, fand »Stellung der« und suchte die angegebene Seite. »Frauen zu prügeln«, las ich dort, »war das anerkannte Recht des Mannes und wurde ohne Scham von hoch und niedrig praktiziert... Auf ähnliche Weise«, fuhr der Historiker fort, »wurde die Tochter, die sich weigerte, den Mann der Wahl ihrer Eltern zu heiraten, vermutlich eingesperrt, geschlagen und im Zimmer herumgestoßen, ohne daß die öffentliche Meinung hiervon schockiert gewesen wäre. Die Ehe war keine Sache persönlicher Zuneigung, sondern eine von familiärer Habgier, besonders in den ›ritterlichen‹ Oberklassen... Die Verlobung fand oft schon statt, wenn eine der Parteien oder beide noch in der Wiege lagen, und die Hochzeit, wenn sie kaum den Armen der Amme entwachsen waren.«

Das war um 1470, kurz nach Chaucer. Der nächste Hinweis auf die Stellung der Frau findet sich etwa zweihundert Jahre später zur Zeit der Stuarts: »Es galt immer noch als Ausnahme, wenn Frauen der oberen und der Mittelklasse sich ihren Ehemann selbst aussuchten, und wenn der Mann erst bestimmt war, war er der Herr und Meister, so weit jedenfalls, wie ihn das Gesetz und die Bräuche ließen. Dennoch«, schließt Professor Trevelyan, »scheint es weder Shakespeares Frauen noch den Verfasserinnen von Memoiren im siebzehnten Jahrhundert, wie Verney oder Hutchison, an Persönlichkeit und Charakter gefehlt zu haben.«

Sicher muß Kleopatra, wenn man es recht bedenkt, ein gewisses Etwas gehabt haben; Lady Macbeth, so möchte man meinen, hatte wohl einen eigenen Willen; man könnte auch schließen, daß Rosalind ein attraktives Mädchen war. Professor Trevelyan sagt nichts weiter als die Wahrheit, wenn er bemerkt, daß es Shakespeares Frauen nicht an Persönlichkeit und

Charakter gefehlt zu haben scheint. Ohne Historiker zu sein, könnte man sogar noch weiter gehen und sagen, daß Frauen in den Werken aller Dichter vom Anbeginn der Zeit an wie Leitsterne geleuchtet haben – Klytämnestra, Antigone, Kleopatra, Lady Macbeth, Phädra, Cressida, Rosalind, Desdemona, die Herzogin von Malfi in Dramen, und in der Prosa Millamant, Clarissa, Becky Sharp, Anna Karenina, Emma Bovary, Madame de Guermantes – die Namen drängen sich einem nur so auf die Zunge, und sie erinnern uns nicht an Frauen, »denen es an Persönlichkeit und Charakter mangelt«. Selbst wenn die Frau tatsächlich keine Existenz außer in von Männern geschriebener Literatur gehabt hätte, könnte man sie sich als Person von unendlicher Wichtigkeit denken, sehr verschiedenartig, heldenhaft und gemein, großartig und gewöhnlich, unendlich schön und äußerst schrecklich, ebenso bedeutend wie ein Mann, manche meinen, sogar noch bedeutender.[5] Aber das gilt für die Frau in der Literatur. Statt dessen wurde sie, wie Professor Trevelyan beschreibt, eingesperrt, geschlagen und im Zimmer herumgestoßen.

So taucht also ein sehr seltsames, vielschichtiges Wesen auf. In der Vorstellung ist sie von höchster Bedeutung, praktisch

5 »Es bleibt die seltsame und fast unerklärliche Tatsache, daß in Athenes Stadt, in der Frauen in fast orientalischer Unterdrückung als Odalisken oder Arbeitstiere gehalten wurden, die Bühne Gestalten wie Klytämnestra und Kassandra, Atossa und Antigone, Phädra und Medea und all die anderen Heldinnen hervorgebracht haben soll, die Stück um Stück des ›Weiberfeindes‹ Euripides beherrschten. Doch dieses weltweite Paradox, daß anständige Frauen sich im wirklichen Leben kaum allein auf der Straße zeigen konnten, doch auf der Bühne dem Manne gleichkamen oder ihn übertrumpften, konnte bisher nicht befriedigend erklärt werden. In der modernen Tragödie herrscht die gleiche Verteilung. Jedenfalls reicht schon ein flüchtiges Überfliegen von Shakespeares Werken (ähnlich bei Webster, aber nicht bei Marlowe und Jonson), um aufzuzeigen, wie diese Dominanz, diese Initiative der Frau, von Rosalind bis Lady Macbeth vorherrscht. Das gleiche gilt für Racine: sechs seiner Tragödien tragen den Namen der Heldin als Titel, und welche männlichen Charaktere können wir gegen Hermione und Andromache setzen, gegen Bérénice und Roxanne, Phädra und Athalie? Das gleiche auch bei Ibsen; welche Männer könnte man mit Solveig und Nora vergleichen, mit Hedda Gabler und Hilda Wangel und Rebecca West?« F. L. Lucas, *Tragedy*, S. 114/115

aber völlig unwichtig. Sie durchdringt die Dichtkunst von Anfang bis zum Ende, fehlt aber völlig in der Geschichte. Sie beherrscht das Leben von Königen und Eroberern in der Literatur, in Wirklichkeit war sie die Sklavin jedes Jüngelchens, dessen Eltern ihr einen Ring auf den Finger zwangen. Einige der inspiriertesten Worte, einige der profundesten Gedanken in der Literatur stammen von ihren Lippen, doch im wirklichen Leben konnte sie kaum lesen, nur selten schreiben und sie war der Besitz ihres Mannes.

Das war in der Tat ein seltsames Ungeheuer, das sich zusammenfügte, wenn man die Historiker zuerst las und dann die Dichter – man sah einen Wurm, beflügelt wie ein Adler, eine Seele von Leben und Schönheit in der Küche, Flomen zerhakkend.

Aber diese Ungeheuer, so lustig sie für die Phantasie sind, gibt es in Wirklichkeit nicht. Um sie zum Leben zu erwecken, muß man poetisch und prosaisch zugleich denken und so mit der Realität in Berührung bleiben: Sie ist Mrs. Martin, sechsunddreißig, in blauem Kleid, mit schwarzem Hut und braunen Schuhen – aber man darf auch die Literatur nicht aus den Augen verlieren, dort ist sie ein Gefäß, in dem alle möglichen Geister und Kräfte ständig umherschweifen und aufblitzen. In dem Moment jedoch, wenn man diese Methode bei der elisabethanischen Frau ausprobiert, scheitert der eine Strahl der Ausleuchtung; man wird durch den Mangel an Fakten gehindert. Man weiß nichts Genaues, nichts absolut Wahres und Zuverlässiges über sie. Die Geschichte erwähnt sie kaum. Und wieder wandte ich mich an Professor Trevelyan, um herauszufinden, was Geschichte für ihn bedeutete. Beim Lesen seiner Kapitelüberschriften stellte ich es fest:

»Das Rittergut und der offene Ackerbau ... Die Zisterzienser und die Schafzucht ... Die Kreuzzüge ... Die Universität ... Das Unterhaus ... Der Hundertjährige Krieg ... Der Krieg der

Rosen ... Die Renaissancegelehrten ... Die Auflösung der Klöster ... Kämpfe um Land und Religion ... Der Ursprung der englischen Seemacht ... Die Armada ...« und so weiter.

Gelegentlich wird auch mal eine Frau erwähnt, eine Elisabeth oder eine Mary, eine Königin oder eine große Adlige. Aber unter gar keinen Umständen konnte eine Frau des Mittelstandes, mit nichts weiter als Verstand und Charakter zu ihrer Verfügung, Anteil an den großen Bewegungen gehabt haben, die insgesamt gesehen das ausmachen, was der Historiker als Vergangenheit betrachtet. Noch finden wir sie in irgendeiner Sammlung von Anekdoten. Aubrey erwähnt sie kaum. Sie beschreibt nie ihr eigenes Leben und führt nur selten Tagebuch; es gibt nur eine Handvoll Briefe von ihr. Sie hinterließ keine Theaterstücke oder Gedichte, nach denen wir sie beurteilen können. Was man sich wünscht, dachte ich – und warum liefert das nicht eine ausgezeichnete Studentin von Newnham oder Girton –, ist eine Unmenge von Informationen: In welchem Alter heiratete sie, wie viele Kinder hatte sie in der Regel, wie sah ihr Haus aus, hatte sie ein Zimmer für sich? Kochte sie? Hatte sie in der Regel Bedienstete? All diese Fakten liegen vermutlich in Kirchenregistern und Rechnungsbüchern vergraben; das Leben der durchschnittlichen Frau im elisabethanischen Zeitalter mußte irgendwo verstreut sein. Konnte man es vielleicht sammeln und daraus ein Buch machen? Es wäre von unverschämtem Ehrgeiz, dachte ich – und mein Blick suchte in den Regalen nach Büchern, die dort nicht standen –, den Studentinnen jener berühmten Colleges vorzuschlagen, die Geschichte neu zu schreiben, auch wenn ich zugeben muß, daß sie mir oft ein wenig seltsam vorkommt, unausgewogen und unwirklich, aber warum konnten sie nicht ein Ergänzungsheft zur Geschichte liefern? Man könnte dem ja irgendeinen unauffälligen Titel geben, damit Frauen dort eine Rolle spielen konnten, ohne unschicklich zu sein. Erspäht man nicht oft einen kurzen

Blick von ihnen im Leben der Großen, in den Hintergrund gescheucht, manchmal, so denke ich, ein Zwinkern, ein Lachen, vielleicht eine Träne verbergend. Immerhin aber haben wir genug Biographien von Jane Austen, es scheint kaum notwendig, noch mal den Einfluß der Tragödien Joanna Baillies auf die Gedichte Edgar Allan Poes zu bedenken; ich persönlich hätte nichts dagegen, wenn die Häuser und Zufluchtsorte von Mary Russell Mitford mindestens auf ein Jahrhundert für die Öffentlichkeit geschlossen würden. Doch was ich beklagenswert finde, fuhr ich fort, über die Regale blickend, ist, daß über Frauen vor dem achtzehnten Jahrhundert nichts bekannt ist. Ich habe keine Gestalt vor Augen, die ich so oder so betrachten könnte. Ich stelle also hier die Frage, warum Frauen im elisabethanischen Zeitalter keine Gedichte geschrieben haben. Ich bin nicht sicher, wie man sie erzog; ob man ihnen das Schreiben beibrachte, ob sie ein Zimmer für sich hatten, wie viele Frauen Kinder hatten, ehe sie einundzwanzig waren, kurz gesagt, was sie von morgens acht bis abends acht taten. Sie hatten offensichtlich kein Geld, und Professor Trevelyan zufolge wurden sie verheiratet, ob sie es wollten oder nicht, wenn sie kaum der Kinderstube entwachsen waren, vermutlich mit fünfzehn oder sechzehn. Es wäre angesichts dieser Tatsachen äußerst verwunderlich gewesen, wenn eine von ihnen plötzlich die Theaterstücke Shakespeares geschrieben hätte, schloß ich und dachte an den alten Herrn, der inzwischen verstorben ist, aber ein Bischof war und erklärt hatte, es sei für eine Frau in Vergangenheit, Gegenwart und Zukunft unmöglich, das Genie Shakespeares zu besitzen. Er schrieb darüber in Zeitungen. Er schrieb übrigens auch an die Dame, die sich mit der Bitte um Informationen an ihn wandte, daß Katzen in der Regel nicht in den Himmel kommen, auch wenn sie, wie er hinzufügte, eine Art Seele hätten. Wie viel Nachdenken haben diese alten Herren einem doch erspart! Wie sehr wichen die Grenzen des Wissens vor ihrem Ansturm zurück! Katzen kommen nicht in den

Himmel. Frauen können nicht die Theaterstücke Shakespeares schreiben.

Sei, wie es sei, ich konnte nicht umhin zu denken, als ich die Werke Shakespeares auf dem Regal betrachtete, daß der Bischof vermutlich zumindest hier recht hatte; es wäre für eine Frau im Zeitalter Shakespeares völlig und absolut unmöglich gewesen, Shakespeares Stücke zu schreiben. Lassen Sie mich, da man ja an Fakten nur so schwer herankommt, ausdenken, was gewesen wäre, wenn Shakespeare eine wunderbar begabte Schwester mit, sagen wir, dem Namen Judith gehabt hätte. Shakespeare selbst ging vermutlich – denn seine Mutter war eine reiche Erbin – auf die höhere Schule, wo er vielleicht Latein lernte – Ovid, Vergil und Horaz –, sowie die Grundlagen von Grammatik und Logik. Er war, wie wohlbekannt ist, ein lebhaftes Kind, das Kaninchen fing, vielleicht mal ein Reh schoß und eigentlich früher, als es sich gehörte, eine Frau aus der Nachbarschaft heiraten mußte, die ihm eigentlich rascher, als es sich schickte, ein Kind gebar. Diese Eskapade führte ihn nach London, wo er sein Glück versuchen wollte. Er hatte, so scheint es, eine Neigung zum Theater; er begann, indem er am Bühneneingang die Pferde hielt. Sehr bald schon bekam er Arbeit im Theater selbst, wurde zu einem erfolgreichen Schauspieler und lebte im Brennpunkt des Universums, lernte Gott und die Welt kennen, übte sich in der Kunst auf den Brettern, war ein Hansdampf in allen Gassen und gewann sogar Zutritt zum Palast der Königin. Inzwischen blieb seine ungewöhnlich begabte Schwester, so nehmen wir an, zu Hause. Sie war ebenso abenteuerlustig, ebenso phantasievoll, ebenso neugierig auf die Welt wie er. Aber sie wurde nicht zur Schule geschickt. Sie hatte keine Chance, Grammatik und Logik zu lernen, ganz zu schweigen davon, daß sie Horaz oder Vergil las. Sie nahm hin und wieder ein Buch zur Hand, vermutlich eines ihres Bruders, und las ein paar Seiten. Aber dann kamen die Eltern herein und trugen ihr auf, die Strümpfe zu stopfen oder sich ums Essen zu kümmern und nicht über Büchern und Papieren zu brüten. Sie sprachen wohl bestimmt, aber freundlich mit ihr, denn sie waren bodenständige Leute, die die Lebensbedingungen für eine Frau kannten und ihre Tochter liebten – sehr wahrscheinlich war sie der Augapfel des Vaters. Vielleicht kritzelte sie heimlich oben auf dem Obstspeicher ein paar Seiten voll, aber sie verbarg diese vorsichtig oder zündete sie sogar an. Bald jedoch, noch ehe sie das zwanzigste Jahr erreichte, wurde sie mit dem Sohn eines Wollhändlers aus der Nachbarschaft verlobt. Sie rief, sie fände die Ehe hassenswert, doch dafür wurde sie vom Vater heftig geschlagen. Aber dann hörte er auf, sie zu beschimpfen. Er bat sie statt dessen, ihn nicht zu verletzen, ihm in dieser Heiratssache keine Schande zu machen. Er würde ihr eine Kette schenken oder einen feinen Unterrock. Und Tränen standen ihm in den Augen. Wie konnte sie ihm trotzen? Wie konnte sie sein Herz brechen? Die Kraft ihres Talents trieb sie dazu. Sie packte ein kleines Bündel mit ihren Habseligkeiten, ließ sich in einer Sommernacht an einem Seil aus dem Fenster und machte sich auf den Weg nach London. Sie war noch keine siebzehn. Die Vögel, die in den Hecken sangen, waren kaum musikalischer als sie. Sie hatte eine rasche Auffassungsgabe für die Melodie von Worten, ein Talent wie ihr Bruder. Wie er hatte sie eine Neigung zum Theater. Sie stand am Bühneneingang, sie wollte spielen, sagte sie. Männer lachten ihr ins Gesicht. Der Direktor – ein fetter Mann mit schlaffen Lippen – brüllte vor Lachen. Er schrie etwas über tanzende Pudel und schauspielende Frauen – keine Frau, so meinte er, könne jemals Schauspielerin sein. Er machte Andeutungen – Sie können sich vorstellen, welcher Art. In diesem Beruf konnte sie keine Lehre machen. Konnte sie überhaupt in den Schenken ein Essen bekommen oder mitten in der Nacht durch die Straßen laufen? Doch sie hatte das Talent zur Literatur, und sie sehnte sich danach, ihren Geist am Leben von Männern und Frauen und deren Gewohnheiten zu mästen. Schließlich – denn sie war sehr jung, vom Aussehen her auf seltsame Art wie Shakespeare, mit den gleichen grauen Augen und runden Brauen – schließlich erbarmte sich Nick Greene ihrer, der Schauspieldirektor. Bald trug sie ein Kind von jenem Herrn und – wer kann die Leidenschaft und die Erregung im Herzen eines Dichters ermessen, der im Körper einer Frau gefangen und verstrickt wird? – brachte sich in einer Winternacht um; sie liegt an einer Straßenkreuzung begraben, wo heute die Omnibusse vor dem »Elephant & Castle« halten.

So würde meiner Meinung nach die Geschichte mehr oder minder verlaufen sein, wenn eine Frau im Zeitalter Shakespeares dessen Genie gehabt hätte. Ich persönlich stimme dem verstorbenen Bischof zu, falls er einer war – es ist undenkbar, daß zu Shakespeares Tagen eine Frau dessen Genie gehabt haben soll. Denn Genies wie Shakespeare werden nicht unter schwer arbeitenden, ungebildeten, unterwürfigen Menschen geboren. Es wurde nicht im England der Sachsen und Angeln geboren. Es wird nicht in die heutige Arbeiterklasse geboren. Wie konnte es dann unter Frauen geboren werden, deren Arbeitsleben Professor Trevelyan zufolge begann, noch ehe sie die Kinderstube verlassen hatten, die von den Eltern dazu gezwungen wurden und die alle Macht von Gesetz und Sitte dort hielt? Doch ein bestimmtes Genie muß es auch unter den Frauen gegeben haben, wie auch in der Arbeiterklasse. Hin und wieder flammt eine Emily Brontë oder ein Robert Burns auf und beweist seine Anwesenheit. Aber gewiß wird das Talent niemals zu Papier gebracht. Wenn man jedoch von Hexen liest, die getaucht wurden, von einer Frau, die vom Teufel besessen war, von einer weisen Alten, die Kräuter verkaufte oder auch von der Mutter eines bemerkenswerten Mannes, dann, glaube ich, befinden wir uns auf der Spur einer verlorenen Romanschriftstellerin, einer unterdrückten Dichterin, einer stummen und ruhmlosen Jane Austen, einer Emily Brontë, die sich auf der Heide den Kopf einrannte oder unter den Qualen, die das Talent ihr zufügte, wilde Grimassen schneidend durch die Straßen irrte. Ich möchte mich sogar zu der Behauptung versteigen, daß Anonymus, der so viele Gedichte schrieb, ohne sie zu unterzeichnen, oft eine Frau war. Es war eine Frau, meinte wohl auch Edward Fitzgerald, die sich Balladen und Volkslieder ausdachte, um sie den Kindern vorzusummen, wenn sie zusammen spannen, oder um die langen Winterabende zu verkürzen.

Dies ist wahr oder falsch – wer könnte es sagen? –, aber wahr daran ist, so scheint mir angesichts der Geschichte von Shakespeares Schwester, wie ich sie mir denke, daß jede Frau, die im sechzehnten Jahrhundert mit einem Talent geboren wurde, mit Sicherheit verrückt wurde, sich erschoß oder ihre Tage in einem einsamen Hüttchen am Rande des Dorfes beendete, halb Hexe, halb Zauberin, gefürchtet und verspottet. Denn man braucht nur wenig Sachkenntnisse in der Psychologie, um sich klarzumachen, daß ein hochbegabtes Mädchen, das versuchte, sein Talent zur Dichtung auszuüben, von anderen Leuten daran so sehr gehindert und so verspottet wurde, so von den eigenen widerstrebenden Instinkten gefoltert und zerrissen, daß es mit Sicherheit Gesundheit und Verstand verlor. Kein Mädchen konnte nach London gehen, sich am Bühneneingang aufstellen und sich Zugang zum Schauspieldirektor erzwingen, ohne sich Gewalt anzutun und Leid zu erfahren, was wohl unvernünftig war – denn Keuschheit ist vielleicht ein Fetisch, den bestimmte Gesellschaften aus unbekannten Gründen erfunden haben, aber dennoch unvermeidlich. Keuschheit hatte damals und hat auch heute noch im Leben einer Frau religiöse Bedeutung. Sie ist so sehr von Instinkten und Sensibilitäten eingehüllt, daß sie loszuschneiden und ans Licht des Tages zu bringen seltenen Mut erfordert. Im London des sechzehnten Jahrhunderts ein freies Leben zu führen, hätte für eine Frau, die Dichterin und Schriftstellerin war, eine solche nervliche Belastung und ein solches Dilemma bedeutet, daß sie leicht daran zugrunde gehen konnte. Hätte sie überlebt, wäre alles von ihr Geschriebene verzerrt und deformiert worden, weil es einer überlasteten und morbiden Phantasie entstammte. Und ohne Zweifel, dachte ich, auf das Bord schauend, auf dem keine Stücke von Frauen standen, wäre ihr Werk anonym erschienen. Dieser Zuflucht hätte sie sich sicher bedient. Es war das Überbleibsel dieses Gefühls für Keuschheit, das Frauen selbst noch im neunzehnten Jahrhundert Anonymität zudiktierte. Currer Bell, George Eliot, George Sand, sämtlich Opfer des inneren Kampfes, wie ihre Schriften beweisen, versuchten vergeblich, sich zu verschleiern, indem sie den Namen eines Mannes benutzten. Sie unterwarfen sich der Konvention, die, wenn nicht vom anderen Geschlecht eingeführt, so doch von ihm großzügig bestätigt wurde (der größte Ruhm einer Frau ist es, wenn man nicht über sie spricht, sagte Perikles, selbst in aller Munde), daß Bekanntheit für eine Frau etwas Verachtenswertes sei. Anonymität liegt ihnen im Blut. Der Wunsch, verschleiert zu sein, hält sie immer noch in Besitz. Nicht einmal heute sorgen sie sich ebenso sehr um ihren Ruhm wie Männer und gehen, allgemein gesprochen, an Grabsteinen oder Wegzeichen vorbei, ohne den unwiderstehlichen Wunsch zu verspüren, ihren Namen hineinzuritzen, wie Alf, Bert oder Chas es müssen, um ihrem Instinkt zu gehorchen, der immer, wenn eine schöne Frau oder auch nur ein Hund vorbeigeht, murmelt: »Ce chien est à moi«, und es muß nicht unbedingt ein Hund sein, dachte ich in Erinnerung an den Parliament Square, die Siegesallee und andere Prachtstraßen, es kann ein Stück Land sein oder ein Mann mit schwarzen Locken. Es ist einer der größten Vorteile des Frauseins, daß man selbst an einer höchst attraktiven Negerin ohne den Wunsch vorbeigehen kann, eine Engländerin aus ihr zu machen.

Die Frau also, die im sechzehnten Jahrhundert mit einem Talent zur Dichtkunst geboren wurde, war eine unglückliche Frau, die mit sich selbst im Kampf lag. Alle Bedingungen ihres Lebens, all ihre ureigenen Instinkte waren dem Geisteszustand feindlich gesonnen, den man braucht, um freizusetzen, was immer sich im Gehirn befindet. Aber wie sieht jener Geisteszustand aus, der für den Akt der Schöpfung am förderlichsten ist, fragte ich. Kann man diesen Zustand irgendwie herbeiführen, der jene seltsame Aktivität ermöglicht? Hier schlug ich den Band mit den Tragödien Shakespeares auf. In welchem Geisteszustand befand sich zum Beispiel Shakespeare, als er *Lear* oder *Antonius und Kleopatra* schrieb? Es war sicher jener Zustand, der für die Poesie zu allen Zeiten am förderlichsten gewesen war. Aber Shakespeare selbst sagt nichts darüber aus. Wir wissen nur zufällig und am Rande, daß er »niemals eine Zeile verpatzte«. Und vielleicht bis zum achtzehnten Jahrhundert erwähnten Künstler niemals ihren Geisteszustand. Vielleicht hat Rousseau damit angefangen. Jedenfalls hatte sich im neunzehnten Jahrhundert das Selbstbewußtsein so weit entwickelt, daß es gebildeten Männern zur Gewohnheit geworden war, ihre Gedanken in Bekenntnissen und Autobiographien zu beschreiben. Auch ihre Leben wurden geschildert, und ihre Briefe wurden nach ihrem Tod gedruckt. Daher wissen wir zwar nicht, was Shakespeare durchmachte, als er *Lear* schrieb, aber wir wissen, was Carlyle erlitt, als er die *Französische Revolution* schrieb, was Flaubert durchmachte, als er *Madame Bovary* schrieb, was Keats durchmachte, als er versuchte, gegen den unausweichlichen Tod und die Gleichgültigkeit der Welt Gedichte zu schreiben.

Aus dieser Fülle der modernen Literatur der Bekenntnisse und der Selbstanalyse erkennt man, daß ein geniales Werk fast immer eine Leistung von ungeheurer Schwierigkeit ist. Alles spricht gegen die Wahrscheinlichkeit, daß es heil und vollständig dem Kopf des Schriftstellers entspringt. Allgemeine materielle Umstände sprechen dagegen. Hunde werden bellen, Menschen unterbrechen einen, Geld muß verdient werden, die Gesundheit versagt. Diese Schwierigkeiten werden dadurch verstärkt und noch schwerer erträglich, weil die Welt so notorisch gleichgültig ist. Sie bittet niemanden, Gedichte und Romane zu schreiben, sie braucht sie nicht. Es ist ihr egal, ob Flaubert das richtige Wort findet oder Carlyle gewissenhaft diese oder jene Tatsache überprüft. Natürlich will die Welt auch nicht für das zahlen, was sie nicht will. Und so leiden die Schriftsteller, Keats, Flaubert, Carlyle, besonders in den kreativen Jahren der Jugend, unter allen möglichen Verzweiflungen und Beschädigungen. Aus jenen Analysen und Selbstbekenntnissen steigt ein Schrei der Agonie empor. »Gewaltige Poeten, elend gestorben« – so lautet ihr trauriger Gesang. Wenn überhaupt trotz allem etwas entsteht, dann ist es ein Wunder, und vermutlich wurde kein Buch jemals so vollständig und unverstümmelt geboren, wie es empfangen worden war.

Aber für Frauen, dachte ich, auf die leeren Regale blickend, waren diese Hindernisse unendlich gewaltiger. Zunächst einmal stand ein Zimmer für sich, ganz zu schweigen von einem ruhigen oder schalldichten Zimmer, selbst bis zu Beginn des neunzehnten Jahrhunderts völlig außer Frage, es sei denn, ihre Eltern waren ungewöhnlich reich oder sehr hochgeboren. Da ihr Nadelgeld, das von der Gutwilligkeit ihres Vaters abhing, gerade reichte, um ihre Kleider zu bezahlen, waren ihr Erleichterungen verwehrt, wie sie sogar Keats, Tennyson oder Carlyle genossen (alles arme Männer): etwa eine Wandertour, eine kleine Reise nach Frankreich, eine eigene Wohnung, die, selbst wenn sie elend und klein war, sie vor den Ansprüchen und Tyranneien der Familie bewahrt hätte. Diese materiellen Schwierigkeiten waren ungeheuer; doch noch viel schlimmer waren die immateriellen. Die Gleichgültigkeit der Welt, die Keats und Flaubert und andere Genies so schwer zu ertragen fanden, war in ihrem Fall keine Gleichgültigkeit, sondern Feindseligkeit. Die Welt sagte ihnen nicht wie jenen Schriftstellern: Schreib doch, wenn du willst, mir ist das egal. Die Welt sagte höhnend: Schreiben? Wozu soll denn dein Schreiben gut sein? Hier kommen uns vielleicht die Psychologinnen von

Newnham und Girton zu Hilfe, dachte ich, und blickte wieder auf die leeren Stellen meines Bücherregals. Denn sicher ist es an der Zeit, daß man untersucht, wie sich Entmutigung auf den Verstand des Künstlers auswirkt, wie eine Molkerei, von der ich hörte, die Auswirkungen von Magermilch und Vollmilch auf Rattenkörper verglich. Sie setzten zwei Ratten nebeneinander in Käfige, und die eine war scheu, ängstlich und klein, die andere glänzend, mutig und groß. Und welche Nahrung geben wir Frauen, die Künstler sind? fragte ich, vielleicht in Erinnerung an Backpflaumen mit Vanillesoße. Um diese Frage zu beantworten, brauchte ich nur die Abendzeitung aufzuschlagen und zu lesen, daß Lord Birkenhead der Meinung ist – aber eigentlich brauche ich mir nicht die Mühe zu machen, Lord Birkenheads Meinung über die Schriften von Frauen wiederzugeben. Auch was Dean Inge sagt, werde ich in Frieden ruhen lassen. Die Harley-Street-Spezialisten dürfen die Echos von Harley Street mit ihrem Gebrüll wecken, ohne daß sich ein Haar auf meinem Kopfe regt. Ich werde jedoch Mr. Oscar Browning zitieren, weil Mr. Oscar Browning zuzeiten eine bekannte Gestalt in Cambridge war und die Studentinnen von Newnham und Girton zu prüfen pflegte. Mr. Oscar Browning erklärte gern und häufig, »daß seinem Eindruck nach, den er beim Durchlesen von Prüfungsarbeiten gewonnen habe, ungeachtet der Noten, die er erteilt hatte, selbst die besten Frauen den schlechtesten Männern intellektuell unterlegen seien«. Danach ging Mr. Browning wieder in seine Räume – und diese Fortsetzung macht ihn zugänglich und zu einer menschlichen Gestalt von einiger Größe und Majestät –, er ging zurück in seine Räume und fand einen Stalljungen auf dem Sofa – »ein bloßes Skelett, mit eingefallenen blassen Wangen, seine Zähne waren schwarz, und er hatte, wie es schien, seine Gliedmaßen nicht unter Kontrolle … ›Das ist Arthur‹, (sagte Mr. Browning) ›Er ist eigentlich ein lieber Junge und von hoher Gesinnung.‹« Diese beiden Bilder scheinen einander immer zu ergänzen.

Und glücklicherweise ergänzen sich in diesem Zeitalter der Biographie solche Bilder oft, so daß wir fähig werden, die Meinungen großer Männer nicht nur nach dem, was sie sagen, zu beurteilen, sondern auch nach dem, was sie tun.

Doch obwohl das heutzutage möglich ist, müssen solche Meinungen von den Lippen wichtiger Persönlichkeiten noch vor fünfzig Jahren furchterregend gewirkt haben. Nehmen wir an, ein Vater wünscht aus den edelsten Gründen nicht, daß seine Tochter das Haus verläßt, um Schriftstellerin, Malerin oder Gelehrte zu werden. »Sieh doch, was Mr. Oscar Browning sagt«, würde er anführen, und es gab nicht nur Oscar Browning, sondern auch die *Saturday Review*, es gab Mr. Greg – die »Grundlagen des Wesens einer Frau«, sagte dieser mit Nachdruck, »sind, daß sie vom Manne versorgt wird und diesem dient.« Es gab eine ungeheure Fülle von männlichen Meinungen darüber, daß man von Frauen intellektuell nichts erwarten könne. Auch wenn der Vater ihr diese Meinungen nicht laut vorlas, konnte jedes Mädchen sie selbst nachlesen, und die Lektüre muß auch im neunzehnten Jahrhundert ihre Lebenskraft verringert und ihr Werk bedeutsam beeinflußt haben. Es hätte immer eine Versicherung gegeben – das kannst du nicht, dazu bist du nicht fähig –, gegen die man protestieren, die man überwinden mußte. Auf eine Romanschriftstellerin hatte dieser Bazillus vielleicht nicht mehr so starke Wirkung, denn es hatte schon verdiente Schriftstellerinnen gegeben. Doch für Malerinnen war er wohl noch sehr schädlich, und für Musikerinnen ist er selbst heute noch sehr aktiv und äußerst giftig. Die Komponistin steht heute da, wo zu Shakespeares Zeiten die Schauspielerin stand. Nick Greene, dachte ich in Erinnerung an die Geschichte, die ich über Shakespeares Schwester erfunden hatte, sagte einmal, eine Frau, die schauspielert, gemahne ihn an einen tanzenden Hund. Johnson wiederholte den Satz zweihundert Jahre später im Zusammenhang mit weiblichen Predigern. Und hier, sagte ich, ein Buch über Musik aufschlagend, haben wir genau die gleichen

Worte, die in diesem Jahr, 1928, über Frauen gesagt werden, die versuchen, Musik zu schreiben. »Über Mlle. Germaine Tailleferre kann man nur wiederholen, was Dr. Johnson über eine Predigerin sagte, aber auf die Musik übertragen. ›Sir, eine komponierende Frau ist wie ein Hund, der auf den Hinterbeinen läuft. Es geht nicht gut, aber man ist überrascht, es überhaupt zu sehen.‹«[6] So genau wiederholt sich die Geschichte.

Ich klappte Mr. Oscar Brownings Biographie zu, verzichtete auf den Rest und schloß, daß Frauen ganz offensichtlich im neunzehnten Jahrhundert nicht ermutigt wurden, Künstlerin zu sein. Im Gegenteil, sie wurden brüskiert, geschlagen, man hielt ihnen Predigten und verspottete sie. Von der Notwendigkeit, sich dagegen zu wehren und es zu widerlegen, muß ihr Verstand belastet und ihre Lebenskraft geschmälert gewesen sein. Denn hier geraten wir wieder in den Bannkreis jenes sehr interessanten und rätselhaften männlichen Komplexes, der so viel Einfluß auf die Frauenbewegung gehabt hat: jenes tiefsitzende Bedürfnis nicht so sehr danach, daß *sie* unterlegen ist, sondern *er* überlegen, das ihn, wo immer man hinblickt, nicht nur in den Künsten in den Vordergrund schiebt, sondern ihr auch den Weg in die Politik versperrt, auch wenn das Risiko für ihn unwesentlich erscheint und die Bittstellerin demütig und ergeben ist. Selbst Lady Bessborough muß sich, wie ich mich erinnere, trotz all ihrer Leidenschaft für die Politik, demütig verbeugen und an Lord Granville Leveson-Gower schreiben: »... trotz all meines Ungestüms in der Politik und vielen Reden über das Thema stimme ich absolut mit Ihnen überein, daß eine Frau nichts mit diesem oder anderen ernsthaften Geschäften zu tun hat, außer ihre Meinung dazu zu sagen (wenn man sie danach fragt).« Und weiter verschwendet sie ihre Leidenschaft, wo sie auf keinen erkennbaren Widerstand trifft, bei dem ungeheuer wichtigen Thema, Lord Granvilles Jungfernre-

6 Cecil Gray, *A Survey of Contemporary Music*, S. 246.

de im Unterhaus. Dieses Spektakel ist gewiß seltsam, dachte ich. Die Geschichte der männlichen Opposition gegen die Frauenemanzipation ist vielleicht interessanter als die Emanzipation selbst. Man könnte ein amüsantes Buch daraus machen, wenn irgendeine Studentin in Girton oder Newnham Beispiele sammelte und eine Theorie daraus ableitete – aber sie bräuchte dicke Handschuhe dazu und Gitter aus solidem Gold, die sie schützten.

Doch was heute belustigt, dachte ich, und legte Lady Bessborough weg, mußte damals in tiefstem Ernst betrachtet werden. Ansichten, die man heute in ein Buch mit dem Titel *Nonsens* klebt, um es an einem Sommerabend einem ausgewählten Publikum vorzulesen, riefen einst Tränen hervor, dessen kann ich Sie versichern. Unter Ihren Großmüttern und Urgroßmüttern gab es viele, die sich die Augen ausweinten. Florence Nightingale schrie in ihrem Schmerz laut auf.[7] Außerdem ist es für Sie, die Sie ein College haben und einen eigenen Salon – oder ist es ein Wohnschlafzimmer? –, gut und schön zu sagen, daß ein Genie solche Meinungen mißachten solle, daß ein Genie über dem steht, was über es gesagt wird. Leider sind es genau die Männer und Frauen mit Genie, die es berührt, was man über sie sagt. Denken wir an Keats. Denken wir an die Worte, die er auf seinem Grabstein einmeißeln ließ. Denken wir an Tennyson, denken wir – aber ich brauche wohl kaum Beweise für die unwiderlegbare, wenngleich unglückliche Tatsache aufzuzählen, daß es im Wesen des Künstlers liegt, aufs äußerste zu mißbilligen, was man über ihn sagt. Die Literatur ist voller Wracks von Männern, die über alle Vernunft hinaus etwas gegen die Meinungen von anderen hatten.

Und diese Empfindlichkeit ist doppelt unglücklich, dachte ich, wieder zu meiner ursprünglichen Frage zurückkehrend, welcher Geisteszustand wohl für kreative Arbeit am förder-

[7] Siehe *Cassandra* von Florence Nightingale, abgedruckt in *The Cause* von R. Strachey.

lichsten sei, denn der Verstand des Künstlers muß, um die erstaunliche Leistung zu vollbringen, das Werk, das in ihm schlummert, gänzlich und vollständig zu befreien, so glühend sein wie der Shakespeares. Zu diesem Schluß gelangte ich auf das Buch schauend, das bei *Antonius und Kleopatra* aufgeschlagen lag. Er darf keine Hemmungen in sich haben, keine fremde, unverarbeitete Materie.

Denn obwohl wir behaupten, wir wüßten nichts über Shakespeares Geisteszustand, sagen wir beim Aussprechen dieser Worte etwas über Shakespeares Geisteszustand aus. Der Grund, warum wir so wenig über Shakespeare wissen – verglichen mit Donne, Ben Jonson oder Milton –, ist vielleicht, daß uns sein Groll und seine Gehässigkeiten und seine Antipathien verborgen blieben. Wir werden nicht von irgendwelchen »Enthüllungen« aufgehalten, die uns an den Autor erinnern. Jeder Wunsch, zu protestieren, zu predigen, ein Unrecht zu verkünden, eine Rechnung zu begleichen, die Welt zum Zeugen für eine Härte oder einen Kummer zu machen, wurde aus ihm herausgebrannt und verzehrt. Wenn jemals ein Mensch sein Werk vollständig ausgedrückt hat, dann Shakespeare. Wenn jemals ein Geist sich bis zum äußersten erhitzte und verströmte, dachte ich, mich wieder zum Bücherregal wendend, dann war es Shakespeares Geist.

Viertes Kapitel

Es war offensichtlich unmöglich, im sechzehnten Jahrhundert eine Frau in jener Geistesverfassung zu finden. Man braucht nur an die elisabethanischen Grabsteine zu denken, auf denen Kinder mit gefalteten Händen knien, an ihren frühen Tod; man braucht nur die Häuser mit den dunklen, engen Stuben zu sehen, um zu begreifen, daß damals keine Frau Gedichte schreiben konnte. Man könnte jedoch erwarten, daß vielleicht etwas später irgendeine große Dame ihre verhältnismäßige Freiheit und ihre Annehmlichkeiten ausnutzte, um etwas unter ihrem Namen zu veröffentlichen und das Risiko einzugehen, für ein Ungeheuer gehalten zu werden. Männer sind natürlich keine Snobs, fuhr ich fort, vorsichtig den »ausgepichten Feminismus« von Rebecca West meidend, aber sie schätzen in ihrer Mehrzahl mitfühlend die Bemühungen einer Gräfin, Gedichte zu schreiben. Man würde erwarten, daß einer Dame von Rang viel mehr Förderung zuteil wurde als damals einer unbekannten Miss Austen oder einer Miss Brontë. Aber man würde auch erwarten, daß ihr Verstand von fremden Emotionen wie Angst und Haß gestört war und ihre Gedichte Zeichen dieser Störung aufwiesen.

Da haben wir Lady Winchilsea zum Beispiel, dachte ich und nahm ihren Gedichtband zur Hand. Geboren wurde sie im Jahre 1661, war sowohl durch Geburt wie Heirat von hohem Adel, war kinderlos, schrieb Gedichte. Schlägt man ihr Buch auf, so wird einem sofort klar, daß sie vor Ärger über die Stellung der Frau geradezu platzt:

How we are fallen! fallen by mistaken rules.
And education's more than Nature's fools;
Debarred from all improvements of the mind,
And to be dull, expected and designed;
And if someone would soar above the rest,
With warmer fancy and ambition pressed,
So strong the opposing faction still appears,
The hopes to thrive can ne'er outweigh the fears.

Ihr Verstand hat keineswegs »alle Hindernisse verglüht« und ist »strahlend rein« geworden. Im Gegenteil, sie ist von Haß und Kummer verfolgt und gepeinigt. Für sie ist die Menschheit in zwei Teile gespalten. Männer sind die »Gegenseite«, Männer werden gehaßt und gefürchtet, weil sie die Macht haben, ihr den Weg zu versperren, den sie gehen will – nämlich schreiben:

Alas! a woman that attempts the pen,
Such a presumptious creature is esteemed,
The fault can by no virtue be redeemed,
They tell us we mistake our sex and way;
Good breeding, fashion, dancing, dressing, play,
Are the accomplishments we should desire;
To write, or read, or think, or to enquire
Would cloud our beauty, and exhaust our time,
And interrupt the conquests of our prime,
Whilst the dull manage of a servile house
Is held by some our utmost art and use.

Sie muß sich sogar selbst Mut machen zu schreiben, und weil sie annimmt, daß das von ihr Geschriebene niemals veröffentlicht werden wird, muß sie sich mit einem traurigen Lied trösten:

To some few friends, and to thy sorrow sing,
For groves of laurel thou wert never meant;
Be dark enough thy shades, and be thou there content.

Doch es ist deutlich, daß das Feuer heiß in ihr brannte, wenn sie nur ihre Gedanken von dem Haß und der Angst hätte befreien können und sie nicht mit Bitterkeit und Groll befrachtet hätte. Hin und wieder fallen Worte reiner Poesie:

Nor will fading silks compose,
Faintly the inimitable rose

Sie werden von Mr. Murry zu Recht gelobt, und Pope, so glaubt man, erinnerte sich an jene anderen, die er sehr schätzte:

Now the jonquille o'ercomes the feeble brain;
We faint beneath the aromatic pain.

Jammerschade, daß die Frau, die so schreiben konnte, deren Geist für die Natur und Reflexionen empfänglich war, zu Wut und Bitterkeit gezwungen gewesen sein soll. Aber wie hätte sie es ändern können? fragte ich und stellte mir den Spott und das Gelächter vor, die Anbetung der Speichellecker, die Skepsis der professionellen Poeten. Sie muß sich in ein Zimmer auf dem Lande eingeschlossen haben, um zu schreiben, vielleicht von Bitterkeit und Skrupeln zerrissen, obwohl sie den freundlichsten Ehemann hatte und ihr Eheleben perfekt scheint. Sie *muß*, sage ich, denn wenn man nach weiteren Informationen über Lady Winchilsea sucht, findet man wie gewöhnlich, daß über sie nichts bekannt ist. Sie litt schrecklich unter Melancholie, was wir zumindest teilweise erklären können, wenn wir uns ansehen, was sie sich in deren Bann vorstellt:

My lines decried, and my employment thought
An useless folly or presumptuous fault:

Die Beschäftigung, die derart zensiert wurde, war, soweit man es beurteilen kann, ihr harmloses durch die Felder Spazieren und Träumen:

My hand delights to trace unusual things,
And deviates from the known and common way,
Nor will in fading silks compose,
Faintly the inimitable rose.

Und wenn das ihre Gewohnheit und ihre Freude war, dann konnte man natürlich nur erwarten, ausgelacht zu werden; und dementsprechend sollen Pope oder Gay sie als »Blaustrumpf mit dem Hang zur Kritzelei« karikiert haben. Man glaubt auch, daß sie Gay beleidigte, indem sie ihn auslachte. Sie sagte, seine *Trivia* verrieten, daß es für ihn »angemessener sei, vor einer Sänfte herzugehen als in einer zu sitzen«, aber das ist alles »zweifelhaftes Geschwätz« und, wie Mr. Murry meint, »uninteressant«. Aber da stimme ich nicht mit ihm überein, denn ich hätte gern mehr von diesem zweifelhaften Geschwätz gewußt, um ein Bild dieser melancholischen Dame zu finden oder zu erfinden, die so gern durch die Felder streifte und über ungewöhnliche Dinge nachdachte und so voreilig, so unklug »die langweilige Leitung eines Haushaltes« verachtete. Aber sie verzettelte sich, sagt Mr. Murry. Ihr Talent ist von Unkraut überwuchert und von Dornenranken umwoben. Es hatte keine Chance, sich als die auserwählte Begabung zu zeigen, die es war. Und so stellte ich sie wieder auf das Regal und griff zu der anderen großen Dame, der Herzogin, die Lamb liebte, die verrückte, phantastische Margaret von Newcastle, älter, aber dennoch ihre Zeitgenossin. Sie waren sehr unterschiedlich, ähnelten sich aber darin, daß sie beide von Stand und kinderlos und beide mit grundguten Männern verheiratet waren. In beiden brannte die gleiche Leidenschaft für die Dichtung, und beide sind aus den gleichen Gründen deformiert und verunstaltet. Man schlage die Herzogin auf und finde den gleichen Wutausbruch: »Frauen leben wie Fledermäuse oder Eulen, schuften wie Vieh und sterben wie Würmer...« Auch Margaret hätte eine Dichterin sein können; in unseren Zeiten hätte ihre Aktivität irgendein Rad in Bewegung gesetzt. Doch was konnte diese wilde, ungebildete, großzügige Intelligenz damals binden, zähmen oder für menschlichen Umgang zivilisieren? Sie ergoß sich holterdiepolter in Strudeln von Reim und Prosa, Dichtung und Philosophie, nun in Quartformaten und Folianten bewahrt, nach denen niemals irgend jemand greifen wird. Man hätte ihr ein Mikroskop in die Hand geben sollen. Man hätte sie lehren sollen, die Sterne zu betrachten und wissenschaftlich zu denken. Ihr Geist wurde durch Einsamkeit und Freiheit verstört, niemand setzte ihr Grenzen, niemand unterrichtete sie. Die Professoren schmeichelten ihr. Bei Hofe verspottete man sie. Sir Egerton Brydges beklagte sich über ihre Grobheit – »und das bei einer Frau von hohem Rang, die an Höfen aufwuchs«. Sie zog sich in die Einsamkeit von Welbeck zurück.

Welche Visionen von Einsamkeit und Rebellion ruft der Gedanke an Margaret Cavendish in einem wach! Als habe sich eine riesige Schlangengurke über alle Rosen und Nelken im Garten ausgebreitet und diese erstickt. Welche Verschwendung, daß die Frau, die schrieb: »die wohlerzogensten Frauen sind diejenigen, deren Gedanken die höflichsten«, ihre Zeit damit vergeudete, Unsinn zu kritzeln und immer tiefer in Obskurität und Narrheit zu versinken, bis die Leute ihre Kutsche umtanzten, wenn sie einmal ausfuhr. Offensichtlich wurde die verrückte Herzogin zum Schreckgespenst, mit dem man gescheite Mädchen einschüchtern konnte. Als ich die Herzogin fortstellte und Dorothy Osbornes Briefe aufschlug, fiel mir ein, wie Dorothy über das neue Buch der Herzogin an Temple schreibt: »Sicher ist die arme Frau ein wenig verstört, sonst könnte sie niemals so lächerlich seyn und sich mit dem Bücherschreiben versuchen, dazu noch in Versen, und selbst wenn ich an die zwey Wochen nicht schlafen sollte, soweit würde es nie mit mir kommen.«

Und da keine Frau von Verstand und Anstand Bücher schreiben konnte, schrieb Dorothy, die sensibel und melancholisch war, dem Temperament nach das genaue Gegenstück zur Herzogin, nichts. Briefe zählten nicht. Eine Frau durfte wohl Briefe schreiben, wenn sie bei ihrem Vater am Krankenbett weilte. Sie konnte sie am Kamin schreiben, wenn die Männer sich unterhielten, aber ohne diese zu stören. Das Komische aber ist, dachte ich, die Seiten von Dorothys Briefen umblätternd, welche Begabung das ungebildete, einsame Mädchen für die Formulierung von Sätzen hatte, für die Heraufbeschwörung von Szenen. Hören wir ihr zu: »Nach dem Essen sitzen wir und reden, bis Mr. B. besprochen wird, und dann bin ich verschwunden. Die Hitze des Tags verbringt man mit Lesen oder Arbeiten, und etwa um sechse oder sieben Uhr gehe ich hinaus auf die Allmende, die neben dem Hause liegt, wo eine Reihe von Maiden Schafe und Kühe weiden und in den Schatten sitzen und Balladen singen. Ich gehe zu ihnen und vergleiche ihre Stimmen und Schönheit mit einigen alten Schäferinnen, von denen ich gelesen habe, und finde einen großen Unterschied hier, aber trau mir, ich glaube, diese sind so unschuldig, wie es sich gehört. Ich rede mit ihnen und finde, es mangelt ihnen an nichts, um sie zu den glücklichsten Menschen zu machen, außer das Wissen, daß sie so sind. Meistens, wenn wir mitten in der Unterhaltung sind, blickt sich eine um und schaut nach ihrer Kuh, die vielleicht ins Korn geht, und dann rennen sie alle fort, als hätten sie Flügel an den Schuhen. Ich bin nicht so flink und bleibe zurück, und wenn ich sehe, wie sie ihr Vieh nach Hause treiben, denke ich, es ist auch für mich an der Zeit heimzugehen, und wenn ich gespeist habe, gehe ich in den Garten und zum Rand eines kleines Flusses, der dort verläuft, und setze mich nieder und wünsche, du wärest bey mir...«

Man könnte schwören, daß sie das Zeug zu einer Schriftstellerin hatte. Aber »wenn ich an die zwey Wochen nicht schlafen sollte, soweit würde es nicht mir mir kommen« – da kann man die Opposition spüren, die in der Luft lag, wenn eine Frau Bücher schrieb; man sieht, wie selbst eine Frau mit einer großen Begabung fürs Schreiben sich davon überzeugen ließ, daß das Schreiben eines Buches lächerlich sei und einen als verrückt auswies. Und so kommen wir, fuhr ich fort, den schmalen Band von Dorothy Osbornes Briefen auf das Regal zurückstellend, zu Mrs. Behn.

Mit Mrs. Behn gelangen wir zu einer sehr wichtigen Kreuzung auf unserem Weg. Wir lassen jene großen einsamen Damen zurück, eingeschlossen in ihren Parks, umgeben von ihren Folianten, die ohne Publikum oder Kritik allein zur eigenen Freude schrieben. Wir kommen in die Stadt und verkehren nun auch mit gewöhnlichen Leuten auf der Straße. Mrs. Behn war eine Frau der Mittelklasse mit sämtlichen plebejischen Tugenden wie Humor, Vitalität und Mut, eine Frau, die durch den Tod ihres Mannes und einige unglückliche Abenteuer ihrerseits gezwungen war, sich den Lebensunterhalt mit ihrem Verstand zu verdienen. Sie mußte zu gleichen Bedingungen wie Männer arbeiten. Sie verdiente, indem sie sehr schwer arbeitete, genug zum Leben. Die Bedeutung dessen wiegt schwerer als alles, was sie tatsächlich schrieb, auch das großartige: *A Thousand Martyrs I have Made* oder *Love in Fantastic Triumph sat*, denn hier beginnt die Freiheit des Geistes, oder vielmehr die Möglichkeit, daß im Laufe der Zeit der Geist sich äußern kann, wie er will. Aphra Behn hat es jetzt geschafft, und Mädchen konnten zu ihren Eltern gehen und sagen: Du brauchst mir keinen Unterhalt zu zahlen, ich kann mit meiner Feder selbst Geld verdienen. Natürlich erfolgte auf Jahre hinaus noch die Antwort: Ja, indem du so lebst wie Aphra Behn! Der Tod wäre besser! Und die Tür wurde fester denn je zugeschlagen. Dieses ungeheuer interessante Thema, der Wert, den Männer der weiblichen Keuschheit und ihrem Einfluß auf deren Erziehung zumessen, hier regt er eine Diskussion an und könnte vielleicht ein interessantes Buch anregen, wenn eine Studentin in Girton oder Newnham sich die Mühe nähme, sich in das Thema zu vertiefen. Lady Dudley, wie sie diamantenbehangen zwischen den Mücken im schottischen Hochmoor sitzt, könnte als Frontispiz dienen. Lord Dudley, sagte die *Times*, als Lady Dudley neulich starb, »war ein Mann von kultiviertem Geschmack und vielen Vorzügen, er war großzügig und gut, konnte aber launisch und despotisch sein. Er bestand darauf, daß seine Frau stets Abendkleider trug, auch in der abgelegensten Jagdhütte im Hochland; er überlud sie mit prachtvollen Juwelen...« und so weiter, »er gab ihr alles – alles, außer einer gewissen Verantwortung.« Dann erlitt Lord Dudley einen Schlaganfall, und sie pflegte ihn und führte sein Anwesen mit äußerster Sachkenntnis weiter. Solchen schrulligen Despotismus gab es also auch im neunzehnten Jahrhundert.

Aber kehren wir zurück. Aphra Behn bewies, daß man mit Schreiben Geld verdienen konnte, wenn man möglicherweise auf bestimmte angenehme Eigenschaften verzichtete; und so galt Schreiben allmählich nicht mehr als ein Zeichen von Verrücktheit und eines gestörten Verstandes, sondern ihm wurde praktische Bedeutung zugebilligt. Der Ehemann konnte sterben, irgendeine Katastrophe die Familie heimsuchen. Im Laufe des achtzehnten Jahrhunderts begannen Hunderte von Frauen, ihr Nadelgeld aufzubessern oder ihren Familien beizustehen, indem sie Übersetzungen anfertigten oder die unzähligen schlechten Romane schrieben, die selbst in wissenschaftlichen Abhandlungen nicht mehr aufgeführt werden. In den Bücherständen auf der Charing-Cross Road sind sie aber immer noch zu finden. Die extreme Aktivität des Verstandes, die sich Ende des achtzehnten Jahrhunderts bei den Frauen zeigte – ihre Gespräche, die Treffen, das Schreiben von Essays über Shakespeare, die Übersetzungen der Klassiker –, beruhte auf der soliden Grundlage, daß Frauen mit Schreiben Geld verdienen konnten. Geld gibt auch dem Würde, was ansonsten frivol ist, wenn es unbezahlt bleibt. Man konnte wohl immer noch über den »Blaustrumpf mit dem Hang zu Kritzeleien« spotten, aber man konnte nicht mehr abstreiten, daß sich auch ihre Börsen füllten. Daher erfolgte Ende des achtzehnten Jahrhunderts eine Veränderung, die ich, wenn ich die Geschichte neu schriebe, ausführlicher schildern und der ich größere Bedeutung beimessen würde als den Kreuzzügen oder den Rosenkriegen. Die mittelständische Frau begann zu schreiben. Denn wenn *Pride and Prejudice* eine Rolle spielt, wenn *Middlemarch* und *Villette* und *Wuthering Heights* eine Rolle spielen, dann spielt eine noch viel größere, als ich in einem einstündigen Vortrag beweisen kann, daß Frauen allgemein zu schreiben begannen, und nicht bloß die einsamen Aristokratinnen in ihren Landhäusern zwischen Folianten und Schmeichlern. Ohne diese Vorgängerinnen hätten Jane Austen, die Brontës und George Eliot kaum mehr schreiben können als Shakespeare ohne Marlowe oder Marlowe ohne Chaucer oder Chaucer ohne jene vergessenen Dichter, die den Weg ebneten und die natürliche Wildheit der Zunge zähmten, denn Meisterwerke sind keine vereinzelten, einsamen Wesen; sie sind die Frucht vieler Jahre gemeinsamen Denkens, und sie sind die Frucht von Menschheitsgedanken, so daß die Erfahrung der Masse hinter der einzelnen Stimme steht. Jane Austen hätte einen Kranz auf das Grab von Fanny Burney legen sollen, George Eliot dem robusten Schatten von Eliza Carter ihre Ehrerbietung erweisen sollen – jener tapferen alten Frau, die eine Glocke an ihr Bett band, damit sie früh aufwachte und Griechisch lernen konnte. Alle Frauen zusammen sollten Blumen auf das Grab von Aphra

Behn streuen, das skandalöser- aber angemessenerweise in Westminster Abbey liegt. Denn sie war es, die ihnen das Recht verschaffte, ihre Gedanken frei auszusprechen. Sie ist es – dubios und flatterhaft wie sie war –, die mich nicht allzu überspannt macht, wenn ich Ihnen heute abend sage: Verdiene dir fünfhundert im Jahr mit deinem Verstand.

Wir sind im frühen neunzehnten Jahrhundert. Hier fand ich zum ersten Mal mehrere Bücherborde vollständig mit Werken von Frauen gefüllt. Doch warum, mußte ich mich fragen, als mein Blick darüber glitt, waren es mit wenigen Ausnahmen alles Romane? Der ursprüngliche Impuls hatte doch der Dichtung gegolten. Am ranghöchsten war immer die Dichterin. Sowohl in Frankreich wie in England setzt man Dichterinnen über Romanschriftstellerinnen. Außerdem, dachte ich, auf die berühmten vier Namen blickend, was hatte George Eliot mit Emily Brontë gemein? War nicht Charlotte völlig dabei gescheitert, Jane Austen zu begreifen? Abgesehen von der möglicherweise wichtigen Tatsache, daß sie alle keine Kinder hatten, konnten sich wohl kaum vier unterschiedlichere Personen in einem Raum versammeln. So verschiedenartig waren sie, daß man in Versuchung geführt wurde, sich ein Zusammentreffen und eine Unterhaltung zwischen ihnen auszudenken. Doch sie wurden alle von irgendeiner seltsamen Kraft getrieben, wenn sie schrieben, Romane zu schreiben. Hatte es etwas damit zu tun, daß sie dem Mittelstand angehörten? fragte ich, oder vielleicht mit der Tatsache, die Miss Emily Davies kurze Zeit später so eindeutig demonstrieren würde, daß die Mittelstandsfamilie Anfang des neunzehnten Jahrhunderts nur ein einziges Wohnzimmer für alle hatte? Oder damit, worüber sich Miss Nightingale so heftig beklagen konnte – »Frauen haben niemals eine halbe Stunde für sich« –, daß sie immer unterbrochen wurden? Doch unter diesen Umständen war es immer noch leichter, Prosa und Romane zu schreiben als Gedichte oder Dramen. Es bedarf dazu weniger Konzentration. Jane Austen schrieb so bis zum Ende ihrer Tage. »Wie sie das alles schafft«, schrieb ihr Neffe in seinen Memoiren, »ist überraschend, denn sie hat kein Arbeitszimmer, in das sie sich zurückziehen könnte, und die Werke müssen in dem allgemeinen Wohnzimmer geschrieben worden sein, allen möglichen zufälligen Unterbrechungen ausgesetzt. Sie achtete darauf, daß ihre Beschäftigung nicht von den Dienern oder Besuchern oder anderen Personen außerhalb des engsten Familienkreis hinaus bemerkt würde.«[8] Jane Austen versteckte ihre Manuskripte oder bedeckte sie mit einem Löschblatt. Aber die literarische Ausbildung einer Frau Anfang des neunzehnten Jahrhunderts bestand aus nichts weiter als der Beobachtung von Charakteren, der Analyse von Emotionen. Ihre Einfühlsamkeit war über Jahrhunderte hinweg von den Einflüssen des gemeinschaftlichen Wohnzimmers geprägt worden. Hier wurden ihr die Gefühle von Menschen vorgeführt, persönliche Beziehungen standen ihr immer vor Augen. Als die Frau des Mittelstandes zu schreiben anfing, schrieb sie deshalb natürlich Romane, auch wenn zwei der berühmtesten hier angeführten Frauen ganz offensichtlich dem Wesen nach keine Romanschriftstellerinnen waren. Emily Brontë hätte poetische Stücke schreiben sollen, George Eliot ihren überfließenden Verstand, als sich der kreative Impuls erschöpft hatte, auf Geschichte oder Biographie ausbreiten sollen. Sie schrieben jedoch Romane, und man könnte sogar noch weiter gehen, sagte ich, *Stolz und Vorurteil* vom Regal nehmend, und erklären, daß es gute Romane waren. Ohne anzugeben oder dem anderen Geschlecht weh tun zu wollen, könnte man sagen, daß *Stolz und Vorurteil* ein gutes Buch ist. Man hätte sich jedenfalls nicht zu schämen brauchen, beim Schreiben von *Stolz und Vorurteil* ertappt zu werden. Aber Jane Austen war froh, daß eine Türangel quietschte und sie ihr Manuskript verstecken konnte, wenn jemand hereinkam. Für Jane Austen hatte es wenig Reputierli-

[8] *Memoir of Jane Austen* von ihrem Neffen James Edward Austen-Leigh.

ches, *Stolz und Vorurteil* zu schreiben. Wäre nun, so fragte ich mich, *Stolz und Vorurteil* ein besserer Roman geworden, wenn Jane Austen es nicht für notwendig befunden hätte, ihr Manuskript vor allen Besuchern zu verbergen? Ich las ein paar Seiten, um das zu ergründen, aber ich konnte kein Zeichen dafür finden, daß die Umstände ihr Werk auch nur im geringsten beeinträchtigt hätten. Das war vielleicht das größte Wunder. Da gab es um das Jahr 1800 eine Frau, die ohne Haß, ohne Bitterkeit, ohne Angst, ohne Protest und ohne Salbaderei schrieb. So hat Shakespeare geschrieben, dachte ich und blickte zu *Antonius und Kleopatra*, und wenn man Jane Austen mit Shakespeare vergleicht, dann meint man vielleicht, daß beider Geist alle Hemmnisse aus dem Weg räumte. Aus diesem Grund kennen wir weder Jane Austen noch Shakespeare, und aus diesem Grund durchdringt Jane Austen jedes Wort, das sie schrieb, genau wie Shakespeare die seinen. Wenn Jane Austen überhaupt unter ihren Umständen litt, dann an der Enge ihres Lebens, das ihr aufgezwungen war. Es war für eine Frau unmöglich, allein auszugehen. Sie ging nie auf Reisen. Sie fuhr niemals mit einem Bus durch London oder aß allein in einem Restaurant zu Mittag. Aber vielleicht lag es in der Natur der Jane Austen, nicht zu begehren, was sie nicht haben konnte. Ihr Talent und ihre Umstände entsprachen einander völlig. Doch ich bezweifle, ob man das auch über Charlotte Brontë sagen kann, sagte ich, schlug *Jane Eyre* auf und legte es neben *Stolz und Vorurteil*.

Ich schlug das Buch bei Kapitel zwölf auf, und mein Blick blieb an dem Satz hängen: »Das kann mir zum Vorwurf machen, wer will.« Was konnte man Charlotte Brontë denn vorwerfen? fragte ich mich erstaunt. Und ich las, wie Jane Eyre zum Dach hinaufstieg, als Mrs. Fairfax Gelee kochte, und über die Felder in die Ferne blickte. Und man würde sie dafür tadeln, daß »ich mich nach einem Blick sehnte, der alle Grenzen überwand, der vielleicht die geschäftige Welt erreichte, Städte, Gegenden voller Leben, von denen ich gehört hatte, die ich jedoch noch nie zu sehen bekam; und dann sehnte ich mich nach mehr Lebenserfahrung, als ich besaß, nach mehr Umgang mit meinesgleichen, nach Bekanntschaften mit verschiedenartigeren Charakteren, als mir hier zugänglich waren. Ich schätzte Mrs. Fairfax' Güte und die Adeles, aber ich glaubte an die Existenz einer anderen und lebendigeren Art von Gütigkeit, und was ich glaubte, das wünschte ich auch zu sehen.

Wer will mir dafür Vorwürfe machen? Viele würden es ohne Zweifel tun und mich unzufrieden nennen. Ich könnte es nicht verhindern: Die Unruhe lag mir im Blut, und manchmal wurde die Erregung fast zum Schmerz...

Es ist müßig zu sagen, daß die Menschen mit Ruhe zufrieden sein sollten, sie brauchen die Tat, und sie werden sie erschaffen, wenn sie sie nicht finden können. Millionen sind zu einem schaleren Verhängnis verurteilt als ich, und Millionen rebellieren stumm gegen ihr Los. Niemand weiß, wie viele Rebellionen in den Strömen des Lebens gären, die die Erde bevölkern. Man hält Frauen allgemein für ruhig, aber Frauen empfinden ebenso wie Männer; sie müssen ihre Fähigkeiten ausüben können und brauchen genau wie ihre Brüder ein Feld für Betätigung, sie leiden unter zu starken Einschränkungen, unter völligem Stillstand, genau wie Männer, und es ist kleinlich, wenn ihre Mitmenschen denken, daß sie sich auf das Puddingkochen und Strümpfestricken beschränken sollen, auf das Klavierspielen und das Besticken von Pompadours. Es ist gedankenlos, sie dazu zu verdammen oder sie auszulachen, wenn sie mehr lernen oder tun wollen, als die Sitte ihnen zugesteht.

Wenn ich so allein war, hörte ich häufig das Lachen von Grace Poole...«

Was für ein merkwürdiger Bruch, dachte ich. Wie störend, so unvermittelt auf Grace Poole zu stoßen. Die Kontinuität ist unterbrochen. Man könnte sagen, fuhr ich fort, das Buch neben *Stolz und Vorurteil* legend, daß die Frau, die diese Seiten schrieb, mehr Genie hatte als Jane Austen, aber wenn beim

Lesen die Brüche auffallen, die Entrüstung, erkennt man, daß sie ihr Genie niemals voll und ganz ausdrücken konnte. Ihre Bücher werden deformiert und verzerrt bleiben. Sie schreibt in Wut, wo sie gelassen schreiben sollte. Sie schreibt albern, wo sie klug schreiben sollte. Sie schreibt von sich, wenn sie über ihre Charaktere schreiben sollte. Sie steht mit ihrem Los auf dem Kriegsfuß. Wie konnte sie anders als jung, verkrampft und unausgelebt sterben?

Man mußte einfach einen Moment lang mit dem Gedanken spielen, was geschehen wäre, wenn Charlotte Brontë dreihundert im Jahr gehabt hätte – aber die dumme Gans verkaufte ja das Copyright für ihre Romane insgesamt für fünfzehnhundert Pfund –, wenn sie irgendwie mehr Kenntnisse von der geschäftigen Welt, von Städten und Gegenden voller Leben gehabt hätte, mehr Lebenserfahrung, mehr Umgang mit ihresgleichen und die Bekanntschaft mit den verschiedensten Charakteren. Mit diesen Worten weist sie nicht allein auf ihre eigenen Mängel als Romanschriftstellerin hin, sondern auf die ihres Geschlechts damals. Sie wußte wie keine andere, wie ungeheuer es ihrem Talent zugute gekommen wäre, wenn es sich nicht in einsamen Visionen über fernen Feldern erschöpft hätte, wenn ihr Erfahrung und Umgang mit Menschen und Reisen zugestanden worden wären. Aber das wurde ihr nicht gewährt, es wurde ihr verweigert, und wir müssen akzeptieren, daß alle guten Romane – *Villette, Emma, Wuthering Heights, Middlemarch,* von Frauen geschrieben wurden, die kaum mehr Lebenserfahrung hatten, als in das Haus eines respektablen Geistlichen dringen konnte, daß sie im gemeinsamen Wohnzimmer dieses respektablen Hauses geschrieben wurden, und von so armen Frauen, daß sie es sich nicht leisten konnten, mehr als ein paar Bogen Papier auf einmal zu erstehen, auf die sie dann *Wuthering Heights* oder *Jane Eyre* schrieben. Eine natürlich, George Eliot, entkam nach vielen Widrigkeiten, doch nur in eine abgeschiedene Villa in St. Johns Wood, um sich dort im Schatten der Mißbilligung der Welt niederzulassen. »Ich wünsche, zur Kenntnis zu geben«, schrieb sie, »daß ich niemals jemanden einladen werde, mich zu besuchen, der nicht um die Einladung gebeten hat«, denn lebte sie nicht in Sünde mit einem verheirateten Mann, und konnte nicht ihr Anblick die Keuschheit von Mrs. Smith stören oder von allen, die sie zufällig besuchen mochten? Man muß sich der gesellschaftlichen Konvention fügen und »abgeschnitten von dem leben, was man die Welt nennt.« Zugleich lebte in einem anderen Teil Europas ein junger Mann fröhlich mit seiner Zigeunerin oder mancher großen Dame, zog in den Krieg, erlebte ungehemmt die verschiedenartigsten Erfahrungen des menschlichen Lebens, die ihm später so großartig von Nutzen sein würden, als er seine Bücher schrieb. Wenn Tolstoi in aller Abgeschiedenheit mit einer verheirateten Dame gelebt hätte, »abgeschnitten von dem, was man die Welt nennt«, hätte er, gleich wie erbaulich die moralische Lektion gewesen wäre, wohl nie *Krieg und Frieden* geschrieben.

Doch man könnte die Frage des Romanschreibens und welche Auswirkungen das Geschlecht auf den Autor hat, noch ein wenig vertiefen. Wenn man die Augen schließt und sich den Roman als Ganzes vorstellt, scheint er wie eine Schöpfung mit einer bestimmten Spiegelähnlichkeit zum Leben, allerdings mit zahlreichen Vereinfachungen und Verzerrungen. Jedenfalls ist er eine Struktur, die vor dem inneren Auge eine Form annimmt, jetzt in Quadern, dann wie eine Pagode geformt, hier Flügel und Arkaden ausladend, nun wieder solide und kompakt und mit einer Kuppel wie die Hagia Sophia in Konstantinopel. Diese Form, überlegte ich, bestimmte berühmte Romane im Sinn, nimmt ihren Ausgang in einer Art Gefühl, das ihm angemessen ist. Aber dieses Gefühl verschmilzt sogleich mit anderen, denn die »Form« besteht nicht aus einer Beziehung zwischen einzelnen Steinen, sondern aus einer Beziehung zwischen einem Menschen und anderen. So löst ein Roman in einem alle möglichen widerstreitenden und gegensätzlichen Gefühle aus; das Leben gerät in Konflikt mit etwas, das nicht Leben ist, daher rührt die Schwierigkeit, bei einem Roman zu einer einheitlichen Meinung zu gelangen, und der ungeheure Einfluß, den unsere persönlichen Vorurteile auf uns ausüben. Einerseits glauben wir, daß du – John, der Held – leben mußt, sonst stürze ich in tiefste Verzweiflung. Andererseits fühlen wir: Weh, John, du mußt sterben, weil die Form des Buchs es verlangt. Das Leben gerät in Konflikt mit etwas, das nicht Leben ist. Denn da es teilweise Leben ist, beurteilen wir es als Leben. James ist derjenige, den ich am stärksten verachte, sagt man. Oder: Dies ist ein Ausbund an Absurdität, so etwas könnte ich nie empfinden. Die gesamte Struktur ist ganz offensichtlich, wenn ich an alle berühmten Romane denke, von unendlicher Komplexität, weil sie aus so vielen verschiedenen Urteilen zusammengesetzt ist, so vielen verschiedenartigen Emotionen. Ein Wunder, daß jedes so komponierte Buch überhaupt ein oder zwei Jahre hält oder für den englischen Leser möglicherweise das gleiche bedeutet wie für den russischen oder den chinesischen. Aber sie halten manchmal bemerkenswert lange. Und was sie in diesen seltenen Fällen von Überleben zusammenhält (ich dachte wieder an *Krieg und Frieden*), ist etwas, das man Integrität nennt, auch wenn es nichts damit zu tun hat, daß man seine Rechnungen pünktlich bezahlt oder sich in einem Notfall ehrenwert verhält. Mit Integrität meint man im Fall des Romanciers die Überzeugung, die er an den Leser weitergibt, daß dies die Wahrheit sei. Ja, man fühlt: Ich hätte nie gedacht, daß dies so sein könnte. Ich habe nie gewußt, daß Menschen sich so verhalten können. Aber Sie haben mich überzeugt, daß es so ist, sich so zuträgt. Man hält beim Lesen jeden Satz, jede Szene ans Licht, denn die Natur scheint uns seltsamerweise mit einer inneren Lampe ausgestattet zu haben, mit der man die Integrität eines Romanschriftstellers beurteilen kann. Vielleicht ist es aber eher so, daß die Natur in ihrer unvernünftigsten Laune mit unsichtbarer Tinte auf die Wände des Geists ihre Vorahnung geschrieben hat, die diese großen Künstler lediglich bestätigen; eine Skizze, die man nur vors Licht eines Genies zu halten braucht, damit sie sichtbar wird. Wenn man sie so exponiert und zum Leben erwacht sieht, ruft man entzückt aus: »Aber genau das habe ich immer gefühlt und gewußt und mir gewünscht.« Und man bebt vor Erregung und schließt das Buch mit einer Art Ehrfurcht, als handele es sich um etwas sehr Kostbares, einen Fluchtpunkt, zu dem man immer zurückkehren kann, solange man lebt, und stellt es wieder aufs Regal, sagte ich, *Krieg und Frieden* zurückstellend. Wenn man andererseits armselige Sätze nimmt und prüft, die anfangs mit ihren bunten Farben, ihren kühnen Gesten eine rasche, neugierige Reaktion hervorrufen, aber dann abbrechen, als scheine sie etwas in ihrer Entwicklung zu hemmen – wenn sie vor dem Licht bloß ein schwaches Gekritzel in der Ecke und einen Fleck dort zum Vorschein bringen und nichts vollständig und ganz erscheint, dann stößt man einen Seufzer der Enttäuschung aus und sagt: wieder ein Versager, dieser Roman ist irgendwo gescheitert.

Und natürlich scheitern die meisten Romane irgendwo. Die Phantasie schwindet unter dem ungeheuren Druck. Die Einsichten verwirren sich, sie können nicht mehr zwischen wahr und unwahr unterscheiden, sie haben nicht mehr die Kraft, mit der immensen Arbeit fortzufahren, die in jedem Moment so viele verschiedene Fähigkeiten erfordert. Aber wie wird all dies vom Geschlecht des Autors beeinflußt? fragte ich mich, und dachte dabei an *Jane Eyre* und andere Romane. Würde die Tatsache des Geschlechts auf irgendeine Weise die Integrität einer Romanschriftstellerin beeinflussen – diese Integrität, die ich für das Rückgrat eines Autors halte? Aus den Passagen, die ich aus *Jane Eyre* zitiert habe, geht eindeutig hervor, daß Wut die Integrität von Charlotte Brontë, der Autorin, beeinflußte. Sie verließ ihre Geschichte, der ihre ganze Hingabe gelten sollte, aufgrund eines persönlichen Kummers. Sie erinnerte sich daran, daß man ihr den gebührenden Anteil an Erfahrung verweigert hatte – sie war gezwungen worden, in einem Pfarrhaus beim Strümpfestopfen zu stagnieren, während sie doch frei durch die Welt ziehen wollte. Ihre Phantasie schweifte vor Ärger ab. Wir spüren diese Abschweifung. Aber es gibt viel mehr Einflüsse als Wut, die an der Phantasie zerren und sie von ihrem Pfad abbringen. Ignoranz zum Beispiel. Das Portrait von Rochester ist wie im Dunkeln gezeichnet. Wir spüren den Einfluß von Angst darin, genau wie wir stets eine gewisse Schärfe spüren, die Folge von Unterdrückung, ein verborgenes Leid, das hinter der Leidenschaft glimmt, eine Erbitterung, die jene Bücher, so hervorragend sie sind, mit einem Schmerzkrampf zusammenzieht.

Da Romane diese Entsprechung zum wirklichen Leben haben, sind ihre Werte auch in gewissem Ausmaß die des wirklichen Lebens. Aber es ist offensichtlich, daß die Werte von Frauen sich oft stark von denen unterscheiden, die das andere Geschlecht schafft; das ist nur natürlich. Doch die maskulinen Werte herrschen vor; grob gesprochen sind Sport und Fußball »wichtig«, die Beschäftigung mit Mode, das Kaufen von Kleidern »trivial«. Und diese Werte werden unweigerlich vom Leben auf die Literatur übertragen. Dies ist ein wichtiges Buch, nimmt der Kritiker an, weil es darin um den Krieg geht. Dies ist ein unwichtiges Buch, weil es von den Gefühlen von Frauen im Salon handelt. Eine Szene auf einem Schlachtfeld ist viel wichtiger als die Szene in einem Laden – überall und auf viel subtilere Weise gibt es diesen Werteunterschied. Die gesamte Struktur des Romans Anfang des neunzehnten Jahrhunderts wurde daher, wenn er von einer Frau stammte, von einem Verstand errichtet, der ein wenig von der Mittellinie abwich und gezwungen worden war, seine deutliche Vision im Hinblick auf äußere Autorität zu ändern. Man braucht nur jene alten, vergessenen Romane zu überfliegen und auf den Ton zu lauschen, in dem sie geschrieben wurden, um zu entdecken, daß die Autorin auf Kritik stieß; das sagt sie entweder aggressiv oder versöhnlich. Sie gab zu, daß sie »nur eine Frau« sei oder protestierte, sie sei »gut wie ein Mann«. Sie begegnete dieser Kritik je nach Temperament entweder mit Unterwürfigkeit oder Gleichgültigkeit, mit Wut oder Nachdruck. Gleich was, sie dachte an etwas anderes als an das Ding selbst. Da stürzt das Buch ab. Es hatte mittendrin einen Fehler. Und ich dachte an all die Romane von Frauen, die wie kleine narbige Äpfel in einem Obsthain in den Antiquariaten Londons verstreut liegen. Es war der Makel im Kern, der sie faulen ließ. Sie hatten ihre Werte aus Rücksicht auf die Meinung anderer geändert.

Aber wie unmöglich muß es für sie gewesen sein, weder nach rechts noch links nachzugeben. Welches Genies, welcher Integrität muß es bedurft haben, um sich angesichts all der Kritik, mitten in dieser rein patriarchalischen Gesellschaft, ohne Abweichung an das zu klammern, was sie sahen. Nur Jane Austen schaffte dies, und Emily Brontë. Eine weitere Perle in ihrer Krone, vielleicht die schönste. Sie schrieben, wie Frauen schreiben, nicht wie Männer schreiben. Von all den Tausenden von Frauen, die damals Romane schrieben, ignorierten sie allein die ständigen Ermahnungen der ewigen Pädagogen – »schreib dies und denk das«. Sie allein stellten sich taub vor jener beharrlichen Stimme, die nun murrend, dann herablassend, gönnerhaft, betroffen, schockiert, wütend oder onkelhaft wurde – die Stimme, die Frauen nicht in Ruhe lassen kann, die ihnen nachstellt wie eine gewissenhafte Gouvernante, die sie beschwört wie Sir Egerton Brydges, zurückhaltend zu bleiben; die die Kritik an der Lyrik mit einer Kritik des Geschlechts verknüpft[9], sie ermahnt, doch bitte gut zu sein und vielleicht sogar einen glän-

[9] »[Sie] hat eine metaphysische Bestimmung, und das ist eine gefährliche Besessenheit, besonders bei einer Frau, denn Frauen besitzen nur selten die gesunde Liebe des Mannes zur Rhetorik. Das ist ein seltsamer Fehler bei dem Geschlecht, das in anderen Dingen primitiver und materialistischer ist.« *New Criterion*, Juni 1928.

zenden Preis zu erringen, sich aber dabei innerhalb bestimmter Grenzen zu halten, die der fragliche Herr angemessen findet. »...Romanschriftstellerinnen sollten nach Vorzüglichkeit streben, indem sie mutig die Grenzen ihres Geschlechts anerkennen.«[10] Das drückt die Sache in aller Kürze aus. Und wenn ich Ihnen, wohl zu Ihrer großen Überraschung, sage, daß dieser Satz nicht im August 1828, sondern im August 1928 geschrieben wurde, dann werden Sie, glaube ich, zustimmen, daß er, so belustigend wir das heute finden, der Volksmeinung entspricht – aber ich will hier keine alten Dinge auftischen, ich erwähne nur, was mir zufällig vor die Füße gekommen ist. Diese Meinung ertönte vor einem Jahrhundert viel heftiger und fordernder. Man hätte 1828 eine sehr beherzte junge Frau sein müssen, um all die Brüskierungen und Tadel und Preisversprechen zu ignorieren. Man hätte ein ziemlicher Feuerkopf sein müssen, um zu sagen: »Oh, aber sie können nicht auch noch die Literatur kaufen. Die Literatur steht allen offen. Ich weigere mich zuzulassen, daß Sie mich vom Rasen vertreiben, auch wenn Sie Pedell sind. Sperren Sie doch Ihre Bibliotheken zu, wenn Sie wollen, denn es gibt kein Tor, kein Schloß und keinen Riegel, den Sie vor die Freiheit meiner Gedanken setzen können.«

Doch gleich welche Wirkungen die Entmutigung und Kritik auf ihre Schriften hatten – und ich bin überzeugt, diese Wirkungen waren erheblich –, es war unwichtig, verglichen mit der anderen Schwierigkeit, vor der sie damals standen (ich denke immer noch an die Romanschriftstellerinnen des frühen neunzehnten Jahrhunderts), als sie begannen, ihre Gedanken zu Papier zu bringen: Sie hatten nämlich keine Tradition hinter sich, oder nur eine so kurze und fragmentarische, daß sie nur wenig nützte. Denn als Frauen denken wir durch unsere Müt-

10 »Wenn Sie, wie der Berichterstatter, glauben, daß weibliche Autoren nur nach Vortrefflichkeit streben sollten, indem sie mutig die Grenzen ihres Geschlechts akzeptieren [hat] Jane Austen demonstriert, wie diese Haltung erreicht werden kann...« *Life and Letters*, August 1928.

ter zurück. Es nützt nichts, sich an die großen Schriftsteller um Hilfe zu wenden, auch wenn man das gern zu seinem Vergnügen täte. Lamb, Browne, Thackeray, Newman, Sterne, Dickens, de Quincey – gleich wer – haben noch nie einer Frau geholfen, auch wenn sie vielleicht von ihnen ein paar Tricks gelernt und zu ihrem Nutzen angewandt hat. Das Gewicht, das Tempo, der Schritt eines männlichen Verstandes sind dem ihren zu unähnlich, um irgend etwas Wichtiges aus ihm herauszuholen. Der Apfel liegt zu weit vom Stamm. Als erstes fand sie vielleicht, als sie die Feder ansetzte, daß ihr kein gebräuchlicher Satz zur Verfügung stand. Alle großen Romanciers wie Thackeray und Dickens und Balzac haben eine natürliche Prosa geschrieben, rasch, aber nicht schlampig, ausdrucksvoll, aber nicht preziös, haben ihren eigenen Blickwinkel eingenommen, ohne aufzuhören, Allgemeingut zu sein. Sie haben auf einem Satz aufgebaut, der damals Gemeingut war. Dieser Satz lautete etwa so: »Die Großartigkeit ihrer Werke galt für sie als Argument, nicht aufzuhören, sondern weiterzumachen. Sie kannten keine größere Erregung oder Befriedigung als in der Ausübung ihrer Kunst und zeitloser Hervorbringung von Wahrheit und Schönheit. Erfolg reimt sich auf Anstrengung, und die Gewohnheit ermöglicht den Erfolg.« Das ist ein Männersatz, man kann dahinter Johnson, Gibbon und die anderen erkennen. Es war ein Satz, der für die Zwecke einer Frau ungeeignet war. Charlotte Brontë mit ihrem großartigen Talent zur Prosa stolperte und fiel mit dieser unbeholfenen Waffe in der Hand. George Eliot beging damit Grausamkeiten, die jeder Beschreibung spotten. Jane Austen sah ihn an und lachte ihn aus und entwickelte einen absolut natürlichen, formvollendeten Satz, der für ihre eigenen Zwecke angemessen war, und ließ nie mehr davon ab. Daher hat sie mit viel weniger Schreibtalent als Charlotte Brontë unendlich mehr gesagt. Da in der Tat die Freiheit und Vollständigkeit des Ausdrucks die Essenz der Kunst sind, muß ein solcher Mangel an Tradition, die Knappheit und

Unangemessenheit der Mittel ungeheuren Einfluß auf das Schreiben von Frauen gehabt haben. Außerdem besteht ein Buch nicht aus aneinandergereihten Sätzen, sondern aus Sätzen, aus denen man, um ein Bild zu gebrauchen, Arkaden und Kuppeln baut. Und auch diese Formen wurden von Männern zu ihrem eigenen Zweck geschaffen. Es gibt keinen Grund, anzunehmen, daß die Form des Epos oder des lyrischen Stückes zu einer Frau viel besser paßt als der Satz. Doch zu dem Zeitpunkt, als sie zu schreiben begann, waren alle älteren Formen der Literatur bereits vorgeformt und festgelegt. Allein der Roman war jung genug, um in ihren Händen noch modellierbar zu sein – vielleicht ein weiterer Grund, warum sie Romane schrieb. Doch wer will sagen, daß selbst heute »der Roman« (ich setze ihn in Anführungszeichen, um mein Gefühl für die Unzulänglichkeit dieser Worte auszudrücken), wer will behaupten, daß selbst diese formbarste alle Formen für ihren Zweck richtig geschaffen ist? Ohne Zweifel werden wir feststellen, daß sie die Werte selbst in die Form preßt, wenn sie ihre Gliedmaßen frei gebrauchen kann, und ein neues Vehikel für die Dichtkunst in sich schafft, aber nicht notwendigerweise in Versen. Denn es ist die Poesie, der immer noch der Ausbruch verweigert wird. Ich dachte weiter darüber nach, wie eine Frau heutzutage eine lyrische Tragödie in fünf Akten schreiben kann. Würde sie es in Versform versuchen? Würde sie lieber Prosa benutzen?

Aber das sind schwierige Fragen, die im Zwielicht der Zukunft liegen. Ich muß sie in Frieden lassen, wenn auch nur aus dem Grund, weil sie mich anregen, von meinem Thema abzuweichen, mich in den weglosen Wald zu begeben, in dem ich mich sicher verirre und sehr wahrscheinlich von wilden Tieren aufgefressen werde. Ich will dieses unerquickliche Thema, die Zukunft der Literatur, nicht anrühren. Ich bin sicher, Sie wollen das auch nicht. Ich möchte hier einen Moment innehalten, um Ihre Aufmerksamkeit darauf zu lenken, welchen Einfluß in einer solchen Zukunft die körperlichen Umstände spielen müssen, soweit es Frauen betrifft. Das Buch muß irgendwie dem Körper angepaßt werden, und auf gut Glück möchte ich sagen, daß Bücher von Frauen kürzer und konzentrierter sein sollten als die von Männern, so angelegt, daß man dazu nicht zu lange, ununterbrochene Stunden der Arbeit braucht. Denn Unterbrechungen wird es immer geben. Und auch hier scheinen die Nerven, die das Gehirn versorgen, bei Frauen und Männern unterschiedlich beschaffen zu sein. Wenn man will, daß sie am besten und intensivsten funktionieren, dann muß man herausfinden, welche Behandlung ihnen am besten zusagt – ob diese stundenlangen Vorträge beispielsweise, die die Mönche vermutlich vor hundert Jahren erfanden, ihnen zusagen –, welchen Wechsel von Arbeit und Ruhe sie brauchen, wobei man Ruhe nicht als Nichtstun versteht, sondern als etwas anderes tun, und wie sollte der Unterschied aussehen? All dies sollte diskutiert und erforscht werden, all dies gehört zur Frage Frauen und Literatur. Und dennoch, fuhr ich fort, und mein Blick schweifte wieder übers Regal, wo finden wir diese ausführliche Studie der Psychologie der Frau von einer Frau verfaßt? Wenn Frauen wegen ihrer Unfähigkeit, Fußball zu spielen, nicht erlaubt wird, Medizin zu praktizieren…

Glücklicherweise wurden meine Gedanken nun in eine andere Richtung gelenkt.

Fünftes Kapitel

Im Laufe dieses Streifzugs kam ich endlich zu den Bücherborden, auf denen die Werke der Lebenden stehen, von Frauen und Männern, denn heutzutage werden fast ebenso viele Bücher von Frauen wie von Männern geschrieben. Und falls das nicht ganz zutreffen sollte, wenn das männliche Geschlecht immer noch das redseligere sein sollte, dann stimmt aber gewiß, daß Frauen nicht mehr ausschließlich Romane schreiben. Da stehen Jane Harrisons Bücher über griechische Archäologie, Vernon Lees über Ästhetik, Gertrudes Bells Bände über Persien. Es gibt Bücher über alle möglichen Themen, an die sich vor nur einer Generation keine Frau gewagt hätte. Da stehen Gedichte und Theaterstücke und Literaturkritik, es gibt Geschichtsbücher und Biographien, Reisebücher, akademische Abhandlungen und Forschungsarbeiten, es gibt sogar ein paar über Philosophie und Natur- und Wirtschaftswissenschaften. Romane herrschen zwar noch vor, aber die Romane selbst haben sich sehr verändert, vielleicht unter dem Einfluß dieser Bücher vom anderen Schlag. Die natürliche Schlichtheit, das epische Zeitalter weiblicher Schriftstellerei, ist vielleicht auf immer vorbei. Lesen und Literaturkritik haben ihr einen größeren Spielraum, mehr Subtilität verliehen. Der Impuls zur Autobiographie mag sich erschöpft haben; vielleicht beginnt sie nun, das Schreiben als eine Kunst zu betrachten, nicht mehr als Methode des Selbstausdrucks. Unter diesen neuen Romanen findet man vielleicht die Antwort auf verschiedene Fragen.

Ich nahm ein beliebiges Buch herunter. Es stand ganz am Ende des Bordes, hieß *Life's Adventure* oder so ähnlich und stammte von Mary Carmichael. Es war gerade in diesem Oktober erschienen. Es scheint ihr erstes Buch zu sein, sagte ich bei mir, aber man muß es lesen, als wäre es das letzte in einer recht langen Reihe und setzte alle anderen Bücher fort, die ich betrachtet hatte – Lady Winchilseas Gedichte, Aphra Behns Stücke und die Romane unserer großen vier Romancières. Denn Bücher setzen einander fort, trotz unserer Gewohnheit, sie voneinander getrennt zu beurteilen. Außerdem muß ich sie – diese Unbekannte – als Abkömmling aller anderen Frauen betrachten, deren Lebenssituationen ich untersucht habe, und schauen, was sie von deren Eigenschaften und Begrenzungen geerbt hat. Mit einem Seufzer, weil Romane sich so oft als Beruhigungsmittel herausstellen und nicht als Gegengift, einen in dumpfen Schlaf versetzen, statt mit einem Feuerbrand zu wecken, machte ich es mir mit einem Notizbuch und einem Stift bequem, um herauszufinden, was ich mit diesem ersten Roman von Mary Carmichael, *Life's Adventure*, anfangen konnte.

Zunächst ließ ich den Blick nur über die Seiten gleiten. Ich möchte zuerst hinter ihre Sätze kommen, sagte ich, ehe ich mein Gedächtnis mit blauen und braunen Augen und der eventuellen Beziehung zwischen Chloe und Roger belaste. Dazu wird noch Zeit sein, wenn ich mich entschieden habe, ob sie eine Feder in der Hand hält oder eine Spitzhacke. Ich probierte also den einen oder anderen Satz auf der Zunge aus. Bald stellte sich heraus, daß etwas nicht stimmte. Der glatte Verlauf von Satz auf Satz wurde unterbrochen. Etwas zerrte, etwas kratzte, hier und dort blitzte ein einzelnes Wort wie eine Fackel in die Augen. Sie »hatte sich nicht in der Hand«, wie es in alten Stücken heißt. Sie ist wie jemand, der ein Streichholz anzünden will, das sich nicht entflammen läßt, dachte ich. Aber warum, fragte ich sie, als stünde sie da, sind Jane Austens Sätze nicht die richtige Form für dich? Müssen wir sie alle vergessen, weil Emma und Mr. Woodhouse tot sind? Ach, seufzte ich, wenn dem doch so wäre. Denn während Jane Austen von einer Melodie in die andere überglitt wie Mozart von einer Arie zur nächsten, fühlte man sich beim Lesen dieses Textes wie in einem offenen Boot auf hoher See. Hoch hinauf, und wieder herunter. Diese Knappheit, diese Kurzatmigkeit konnte vielleicht bedeuten, daß sie Angst vor etwas hatte, vielleicht davor, »sentimental« genannt zu werden, oder sie erinnerte sich, daß man die Schriften von Frauen blumig nannte und bietet deshalb eine Überzahl an Dornen, aber erst wenn ich eine Szene mit aller Aufmerksamkeit gelesen habe, kann ich sicher sein, ob sie sie selbst ist oder jemand anderer. Jedenfalls saugt sie einem nicht alle Lebenskraft aus, dachte ich und las aufmerksamer. Aber sie häuft zu viele Fakten aufeinander. Sie wird kaum die Hälfte davon in einem Buch dieses Umfangs benutzen können. (Es war etwa halb so dick wie *Jane Eyre*.) Jedenfalls gelang es ihr, uns alle – Roger, Chloe, Olivia, Tony und Mr. Bingham – in einem Kanu auf dem Fluß zusammenzubringen. Warte einen Moment, sagte ich und lehnte mich im Sessel zurück. Ich muß noch sorgfältiger darüber nachdenken, ehe ich weiterlese.

Ich bin fast sicher, sagte ich dann bei mir, daß Mary Carmichael uns einen Trick spielt. Denn ich habe das Gefühl wie auf einer Achterbahn, wenn der Wagen, anstatt hinabzusausen, wie man es erwartet, plötzlich wieder hochschießt. Mary manipuliert die erwartete Abfolge. Zuerst bricht sie die Sätze auf, jetzt die Abfolge. Na, gut, sie hat ja jedes Recht, das zu tun, wenn es nicht bloß um der Sache willen geschieht, sondern um etwas Neues zu schaffen. Und um was es hierbei geht, kann ich erst sicher wissen, wenn sie sich einer Situation gestellt hat. Ich werde ihr jede Freiheit zugestehen, sagte ich, auszuwählen, was für eine Situation das sein wird; sie kann sie aus Blechdosen und alten Kesseln fabrizieren, wenn sie will, aber sie muß mich überzeugen, daß sie sie für eine Situation hält; und wenn sie diese geschaffen hat, muß sie sich ihr stellen. Sie muß springen. Und in dem Entschluß, ihr als Leserin Genüge zu tun, wenn sie ihrer Situation als Schriftstellerin Genüge tat, blätterte ich um und las… es tut mir leid, daß ich so unvermittelt abbrechen muß. Sind auch keine Männer da? Versprechen Sie mir, daß hinter jenem roten Vorhang dort nicht die Gestalt von Sir Charles Biron verborgen ist? Wir sind alle Frauen, versichern Sie mir? Dann kann ich Ihnen verraten, daß die nächsten Worte, die ich las, so lauteten: »Chloe liebte Olivia...« Zucken Sie nicht zusammen. Erröten Sie nicht. Lassen Sie uns in der Ungestörtheit unserer Gesellschaft zugestehen, daß solche Dinge manchmal vorkommen. Manchmal mögen Frauen Frauen.

»Chloe liebte Olivia«, lese ich, und dann fiel mir auf, welche ungeheure Veränderung sich ereignet hatte. Chloe liebte Olivia vielleicht zum ersten Mal in der Literatur. Kleopatra liebte Oktavia nicht. Und wie anders wäre *Antonius und Kleopatra* ausgefallen, wenn das so gewesen wäre! So aber, dachte ich und ließ, wie ich fürchte, meine Gedanken ein wenig von *Life's Adventure* abschweifen, ist die ganze Sache vereinfacht und der Konvention angepaßt, und zwar, wenn man es auszusprechen wagte, auf absurde Weise. Kleopatras einziges Gefühl gegenüber Oktavia war Eifersucht. Ist sie größer als ich? Wie trägt sie ihr Haar? Mehr braucht man vielleicht nicht in dem Stück. Aber wie interessant wäre es gewesen, wenn die Beziehung zwischen den beiden Frauen komplizierter gewesen wäre. All diese Beziehungen zwischen Frauen, dachte ich, und ließ in rascher Abfolge die prachtvolle Galerie literarischer Frauen an mir vorbeiziehen, sie sind zu schlicht. So viel wurde ausgespart, blieb unversucht. Und ich versuchte, mich in meiner Lektüre an einen Fall zu erinnern, in dem zwei Frauen als Freundinnen dargestellt wurden. Es gibt einen Versuch dazu in *Diana of the Crossways*. Es gibt natürlich in den Tragödien Racines und der Griechen Vertraute. Hin und wieder erscheinen Mütter und Töchter so. Aber fast ohne Ausnahme werden sie in ihrer Beziehung zu Männern gezeigt. Ein komischer Gedanke, daß alle großen Frauen der Literatur bis zu Jane Austen nicht nur mit den Augen des anderen Geschlechts betrachtet wurden, sondern auch in Beziehung zu diesem. Und was für ein kleiner Teil eines Frauenlebens das ist: Und wie wenig kann ein Mann auch davon nur wissen, wenn er es durch die schwarze oder rosa Brille betrachtet, die das Geschlecht ihm auf die Nase setzt. Daher rührt vielleicht der seltsame Charakter der Frau in der Literatur, die erstaunlichen Extreme ihrer Schönheit und Schrecklichkeit, ihr Wechsel zwischen himmlischer Güte und höllischer Verderbtheit – denn so würde ein Geliebter sie betrachten, je nachdem, ob seine Liebe zunahm oder erstarb, entweder erfolgreich war oder unglücklich. Das gilt natürlich nicht für die Romanschriftsteller des neunzehnten Jahrhunderts. Hier wird die Frau viel verschiedenartiger und komplizierter. Es war vermutlich der Wunsch, über Frauen zu schreiben, der Männer allmählich dazu führte, das lyrische Drama aufzugeben, das ihr mit seiner Gewalttätigkeit so wenig abgewinnen konnte, und den Roman als das passendere Medium zu entwickeln. Doch auch so bleibt offensichtlich, selbst in den Schriften Prousts, daß die Kenntnisse der Männer über Frauen schrecklich begrenzt und einseitig sind, ebenso wie die Kenntnisse der Frauen über Männer.

Außerdem, fuhr ich fort, wieder auf die Seite blickend, wird offenkundig, daß Frauen wie Männer andere Interessen entwickeln als die immer wieder gleichen häuslichen. »Chloe liebte Olivia. Sie teilten sich ein Labor…« las ich weiter und entdeckte, daß diese beiden Frauen Leber zerkleinerten, wie es schien, ein Heilmittel für perniziöse Anämie; doch eine von ihnen war verheiratet und hatte – ich glaube – zwei kleine Kinder. Nun, all dies fiel natürlich früher fort, und daher ist das großartige Portrait der Frau in der Literatur zu einfach und viel zu eintönig. Nehmen wir zum Beispiel an, daß Männer in der Literatur lediglich als Liebhaber von Frauen dargestellt würden und niemals als Freund anderer Männer, als Soldat, Denker, Träumer; wie wenige Rollen hätten sie bei Shakespeare bekommen; wie würde die Literatur leiden! Uns bliebe vielleicht ein großer Teil Othello erhalten und eine Menge Antonius, aber kein Cäsar, kein Brutus, kein Hamlet, kein Lear, kein Jacques – die Literatur wäre unsäglich verarmt, wie in der Tat die Literatur weit über unsere Vorstellung hinaus verarmt ist, weil man ihre Türen vor den Frauen versperrt hat. Gegen ihren Willen verehelicht, in einem Zimmer gehalten und mit nur einer einzigen Beschäftigung – wie konnte ein Dramatiker einen vollen, einen interessanten oder auch nur wahren Bericht über sie schreiben? Die Liebe war der einzig mögliche Dolmetscher. Der Dichter war gezwungen, entweder leidenschaftlich zu sein oder bitter, es sei denn, er zog es vor, sie »zu hassen«, was allzu häufig bedeutete, daß er für sie nicht attraktiv war.

Und wenn Chloe hier Olivia liebt und sie ein Labor teilen, was allein ihre Freundschaft vielseitiger und dauerhafter macht, weil sie weniger persönlich ist, wenn Mary Carmichael schreiben kann, und mir gefiel allmählich eine gewisse Qualität ihres Stils, wenn sie ein Zimmer für sich hat, wessen ich mir nicht sicher bin, wenn sie fünfhundert im Jahr ihr eigen nennt – aber das bleibt zu beweisen –, dann, glaube ich, ist etwas Wichtiges geschehen.

Denn wenn Chloe Olivia liebt und Mary Carmichael sich ausdrücken kann, wird sie in jenem riesigen Raum eine Fackel anzünden, in dem noch nie jemand gewesen ist. Er besteht aus Halbdämmerung und tiefen Schatten, wie jene gewundenen Höhlen, durch die man mit einer Kerze geht und auf und ab späht, ohne zu wissen, wohin man den Fuß setzt. Und ich nahm das Buch wieder vor und las weiter, wie Chloe Olivia beobachtete, die ein Glas auf ein Regal stellte und sagte, es sei Zeit, nach Hause zu ihren Kindern zu gehen. Das ist ein Anblick, den seit Anbeginn der Welt noch nie jemand gesehen hat, rief ich. Auch ich sah sehr neugierig zu. Denn ich wollte sehen, wie Mary Carmichael es schaffte, über diese unverzeichneten Gesten zu berichten, über diese ungesagten oder halb ausgesprochenen Worte, die sich kaum spürbarer als Schatten von Motten an der Decke bilden, wenn Frauen allein sind, unbeleuchtet vom kapriziösen und bunten Licht des anderen Geschlechts. Sie muß aber den Atem anhalten, sagte ich weiterlesend, wenn sie das schaffen will, denn Frauen sind gegenüber allem Interesse sehr mißtrauisch, das kein offensichtliches Motiv verrät, sie sind so schrecklich ans Verstecken und Unterdrücken gewöhnt, daß sie sofort verschwinden, wenn sich das Zucken eines Augenlides in ihre Richtung bewegt. Du kannst das nur schaffen, dachte ich an Mary Carmichael gewandt, als stünde sie da, indem du von jemand anderem sprichst und ständig aus dem Fenster blickst, und nicht mit dem Stift in ein Notizbuch schreibst, sondern in kürzestem Stenogramm, in Worten, die noch kaum zu Silben geformt sind, aufnimmst, was geschieht, wenn Olivia – dieser Organismus, der seit Millionen Jahren unter dem Schatten der Felsen liegt – spürt, daß das Licht auf sie fällt und eine seltsame Nahrung auf sich zukommen sieht – Wissen, Abenteuer, Kunst. Und sie streckt die Hand danach aus, dachte ich und richtete meinen Blick von der Seite weg, und sie muß sich eine vollständig neue Kombination ihrer Mittel ausdenken, die für andere Zwecke so hochentwickelt sind, um das Neue ins Alte aufzunehmen, ohne das unendlich fein abgestimmte Gleichgewicht des Ganzen zu stören.

Aber ach, ich hatte etwas getan, wozu ich mich entschlossen hatte, es nicht zu tun. Ich hatte gedankenlos ein Lob des eigenen Geschlechts angestimmt. »Hochentwickelt« – »unendlich fein abgestimmt« – das sind zweifelsohne lobende Ausdrücke, und das eigene Geschlecht zu loben ist immer verdächtig, oft sogar albern, und wie konnte man es besonders in diesem Fall rechtfertigen? Man konnte nicht zu einer Landkarte treten und sagen, Columbus entdeckte Amerika, und Columbus war eine Frau, einen Apfel nehmen und bemerken, Newton entdeckte das Gesetz der Schwerkraft, und Newton war eine Frau, oder in den Himmel schauen und sagen, da oben fliegen Flugzeuge, und Flugzeuge wurden von einer Frau entwickelt. Es gibt kein Zeichen an der Wand, an dem man die genaue Größe von Frauen messen kann. Es gibt keinen Maßstab, säuberlich in Bruchteile von Zentimetern eingeteilt, an dem man an die Qualitäten einer guten Mutter, die Ergebenheit einer Tochter, die Treue einer Schwester, die Fähigkeit einer Hausfrau ablesen kann. Auch heute haben nur wenige Frauen Universitätsbildung; die großen Bereiche der Berufswelt, der Armee und Marine, des Handels, der Politik und Diplomatie haben sie kaum auf die Probe gestellt. Sie bleiben bis zu diesem Moment fast unklassifiziert. Doch wenn ich alles über, sagen wir, Sir Hawley Butts wissen will, was ein Mensch mir nur mitteilen kann, brauche ich nur den *Burke* oder den *Debrett* aufzuschlagen und finde, daß er diesen oder jenen Universitätsabschluß hat, ein Anwesen besitzt, einen Erben hat, Sekretär bei diesem oder jenem Komitee war, Großbritannien in Kanada vertreten und eine bestimmte Anzahl von Rängen, Ämtern, Orden und anderen Auszeichnungen erhalten hat, mit denen ihm seine Verdienste unauslöschlich aufgeprägt sind. Nur die Vorsehung kann mehr über Sir Hawley Butts wissen.

Wenn ich daher über Frauen sage, sie seien »hochentwickelt« und »unendlich fein abgestimmt«, kann ich diese Worte weder im *Whitaker,* im *Debrett* noch im Universitätsjahrbuch bestätigt bekommen. Was kann ich in meiner Not tun? Wieder blickte ich aufs Bücherregal. Da standen die Biographien: Johnson und Goethe, Carlyle und Sterne, Cowper und Shelley, Voltaire und Browning und viele andere. Und ich dachte an all die großen Männer, die bestimmte Personen des anderen Geschlechts aus dem einen oder anderen Grund bewunderten oder aufsuchten, mit denen sie lebten und denen sie sich anvertrauten, die sie liebten und über die sie schrieben, denen sie vertrauten und bei denen sie das zeigten, was man nur als ein Bedürfnis nach und Abhängigkeit von ihnen bezeichnen kann. Daß all diese Beziehungen absolut platonisch waren, möchte ich nicht bestätigen, und Sir William Joynson Hicks würde es vermutlich verneinen. Aber wir würden diesen berühmten

Männern unendliches Unrecht antun, wenn wir darauf bestünden, daß sie aus diesen Verbindungen nichts weiter als Annehmlichkeiten, Schmeicheleien und körperliche Freuden gewonnen hätten. Es ist offensichtlich, was sie daraus gewannen, denn es war etwas, was ihr eigenes Geschlecht ihnen nicht geben konnte, und es wäre nicht voreilig, es, ohne gleich unzweifelhaft rhapsodische Worte von Dichtern zu zitieren, als einen Anreiz zu definieren, als Auffrischung der Schöpfungskraft, die zu geben nur das andere Geschlecht die Macht hat. Er öffnete die Tür zu Salon oder Kinderstube, so stellte ich mir es vor, und fand sie vielleicht mit den Kindern, vielleicht mit einer Stickerei auf dem Schoß – jedenfalls im Zentrum einer anderen Ordnung und eines anderen Lebenssystems, und der Gegensatz zwischen dieser Welt und seiner eigenen, ob es sich um den Gerichtshof oder das Parlament handelte, würde ihn sogleich erfrischen und stärken; und selbst aus dem einfachsten Gespräch würde ein natürlicher Unterschied der Meinungen erfolgen, so daß die eingetrockneten Ideen in ihm wieder befruchtet würden, und ihr Anblick, wenn sie in einem anderen Medium als er etwas erzeugt, würde seine Schaffenskraft anregen, so daß seine sterilen Gedanken unbewußt wieder anfingen zu planen, und er würde einen Satz oder eine Szene finden, die ihm gefehlt hatten, als er den Hut aufsetzte, um sie zu besuchen. Jeder Johnson hat seine Thrale und klammert sich aus irgendeinem solchen Grund an sie, und wenn die Thrale ihren italienischen Musiklehrer heiratet, wird Johnson vor Wut und Ekel halb wahnsinnig, nicht nur weil er seine angenehmen Abende in Streatham vermißt, sondern weil das Licht seines Lebens wie »ausgegangen« scheint.

Auch ohne Dr. Johnson, Goethe, Carlyle oder Voltaire zu sein, spürt man, obwohl ganz anders als diese großen Männer, die Natur dieser Feinfühligkeit und die Kraft dieser hochentwickelten Kreativität bei Frauen. Man betritt ein Zimmer – aber die Mittel der englischen Sprache würden zu hart auf die

Probe gestellt, und ganze Scharen von Wörtern müßten sich illegitim einen Weg in die Existenz bahnen, ehe eine Frau sagen könnte, was geschieht, wenn sie einen Raum betritt. Die Räume unterscheiden sich auch stark voneinander, sind entweder still oder gewitterschwül, gehen aufs Meer oder, ganz das Gegenteil, auf einen Gefängnishof; in ihnen hängt Wäsche, oder sie funkeln vor Seide und Opalen; sie sind hart wie Roßhaar oder weich wie Federn – man braucht nur in irgendeiner Straße ein Zimmer zu betreten, und die Gesamtheit dieser äußerst komplexen Kraft der Weiblichkeit steht vor einem. Wie könnte es auch anders sein? Denn Frauen sitzen schon seit Millionen von Jahren im Haus, so daß nun die Mauern selbst von ihrer Schaffenskraft durchdrungen sind und das Fassungsvermögen von Ziegeln und Mörtel in der Tat so auslasten, daß sie sich mit Federn und Pinseln und Handel und Politik zähmen muß. Aber diese Schaffenskraft unterscheidet sich stark von derjenigen des Mannes. Und man muß zu dem Schluß gelangen, daß es tausendmal schade wäre, wenn sie beschränkt oder vergeudet würde, weil sie über Jahrhunderte durch strengste Disziplin gewonnen wurde, und nichts könnte ihren Platz einnehmen. Es wäre tausendmal schade, wenn Frauen wie Männer schrieben, wie Männer lebten oder wie Männer aussähen, denn wenn die beiden Geschlechter in der Weiträumigkeit und Vielfalt dieser Welt schon unzureichend sind, wie sollten wir mit bloß einem auskommen? Sollte die Erziehung nicht vielmehr die Unterschiede herausbilden und verstärken, statt die Gemeinsamkeiten? Denn wir sind einander ohnehin zu ähnlich, und wenn ein Forscher eines Tages zurückkehrte und uns Kunde von anderen Geschlechtern brächte, die durch Zweige anderer Bäume in andere Himmel schauen, nichts wäre von größerem Dienst für die Menschheit, und wir hätten dazu das ungeheure Vergnügen, zuzusehen, wie Professor X nach seiner Meßlatte greift, um sich als »überlegen« zu beweisen.

Mary Carmichael, dachte ich, immer noch in einigem Abstand über der Seite schwebend, wird ihre Stellung als bloße Beobachterin finden. Ich fürchte in der Tat, daß sie sich zu dem hingezogen fühlen wird, was ich als weniger interessanten Zweig ihrer Gattung bezeichne – zur naturalistischen Romanschriftstellerin und nicht zur kontemplativen. Es gibt so viele neue Tatsachen, die sie beobachten muß. Sie wird sich nicht mehr auf die respektablen Häuser des oberen Mittelstandes beschränken müssen. Sie kann sich ohne Freundlichkeit oder Herablassung, aber im Geiste von Verbundenheit, in jene kleinen, duftenden Räume begeben, in denen die Kurtisane, die Hure und die Dame mit dem Mopshündchen sitzen. Da sitzen sie immer noch in den schludrig gemachten Kleidern, die der männliche Schriftsteller ihnen notgedrungen auf den Leib geworfen hat. Aber Mary Carmichael wird die Schere hervorholen und sie ihnen an jeder Kurve und Linie genau anpassen. Das wird ein seltsamer Anblick, wenn es ihn endlich gibt, diese Frauen zu sehen, wie sie sind, aber wir müssen ein wenig darauf warten, denn Mary Carmichael wird in Gegenwart der »Sünde«, dem Erbe unserer sexuellen Barbarei, immer noch von Schüchternheit belastet sein. Sie wird immer noch die falschen alten Fesseln ihres Standes um die Füße tragen.

Allerdings besteht die Mehrheit der Frauen weder aus Huren noch aus Kurtisanen, noch sitzen sie da und klammern sich den ganzen Sommernachmittag an das Möpschen auf ihrem staubigen Samt. Aber was sonst tun sie? Und da kamen mir jene langen Straßen irgendwo südlich des Flusses in den Sinn, deren unendliche Reihen so unglaublich dicht bevölkert sind. Mit dem Auge der Phantasie sah ich eine sehr alte Dame die Straße am Arm einer Frau mittleren Alters überqueren, vielleicht ihre Tochter, beide so respektabel bestiefelt und bemantelt, daß das nachmittägliche Umkleiden bei ihnen wohl ein Ritual war; die Kleider selbst wurden Jahr um Jahr jeden Sommer mit Kampfer in Schränke gehängt. Sie überqueren die Straße, wenn die Lampen angezündet werden (denn die Dämmerung ist ihre liebste Stunde), so wie sie es Jahr um Jahr getan haben müssen. Die ältere ist schon an die Achtzig, aber wenn man sie fragte, was das Leben ihr bedeutet habe, würde sie sagen, sie erinnere sich daran, wie man die Straßen für die Schlacht von Balaclava illuminierte, oder wie sie im Hyde Park bei der Geburt Edwards des Siebten die Kanonen hörte. Und wenn man sie eindringlich bäte, doch einen einzigen Moment mit Datum und Jahreszeit festzumachen: Was taten Sie am fünften April 1868 oder am zweiten November 1875, würde sie Sie verschwommen ansehen und sagen, sie erinnere sich an nichts. Denn alle Mahlzeiten sind bereitet, die Teller und Tassen abgewaschen, die Kinder sind zur Schule geschickt worden und aus dem Haus gegangen. Nichts bleibt von dem allen. Alles ist verschwunden. Keine Biographie oder Geschichte hat ein Wort dazu zu sagen. Und die Romane lügen unweigerlich, wenn auch ohne es zu beabsichtigen.

All diese unendlich obskuren Leben müssen aufgezeichnet werden, sagte ich zu Mary Carmichael, als sei sie gegenwärtig, und ging in Gedanken weiter durch die Straßen Londons, spürte in der Phantasie den Druck der Sprachlosigkeit, die Ansammlung nichtaufgezeichneten Lebens; das Leben der Frauen an der Straßenecke mit den verschränkten Armen, mit Ringen, die tief in die dicken, geschwollenen Finger eingekerbt saßen, und mit einer Gestik, wie unter dem Schwung von Shakespeares Worten; oder das Leben der Veilchen- und Streichholzverkäuferinnen und der alten Vetteln in den Hauseingängen; oder das der Mädchen, die sich treiben lassen, deren Gesichter, wie Wellen in Sonne und Wolken, das Kommen und Gehen von Männern und Frauen und das flackernde Licht der Ladenfenster zeigen. All das wirst du erkunden müssen, sagte ich zu Mary Carmichael, die Fackel fest in der Hand. Vor allem aber mußt du deine eigene Seele mit ihren Grundsätzlichkeiten und Oberflächlichkeiten beleuchten, mit ihren Eitelkeiten und Großzügigkeiten, und sagen, was dir deine Schönheit oder

Schlichtheit bedeutet, wie deine Beziehung zu der sich ewig wandelnden und drehenden Welt der Handschuhe und Schuhe und Stoffe aussieht, durch deren Arkaden aus Kleiderstoffen, über einem Boden aus künstlichem Marmor, zarte Düfte aus Apothekerflakons wehen. Denn ich hatte in meiner Phantasie einen Laden betreten; er hatte einen schwarzweißen Bodenbelag und war mit bunten Bändern von erstaunlicher Schönheit behangen. Mary Carmichael mochte wohl im Vorbeigehen einen Blick hineinwerfen, dachte ich, denn dieser Anblick bot sich der Feder dar, wie jeder schneeige Gipfel und jede Felsenschlucht der Anden. Und auch das Mädchen hinter dem Ladentisch – ich wüßte wohl bald ihre wahre Geschichte ebenso genau wie das hundertfünfzigste »Leben Napoleons« oder die siebzigste Studie über Keats und seine Benutzung der Miltonschen Inversion, die der alte Professor Z. und seinesgleichen gerade diktieren. Und dann ging ich vorsichtig, auf Zehenspitzen (so feige bin ich, so viel Angst habe ich vor der Peitschenschnur, die einmal fast auf meinen Schultern gelandet ist), um ihr zuzumurmeln, daß sie auch lernen solle, ohne Bitterkeit über die Eitelkeiten des anderen Geschlechts zu lachen – Sonderlichkeiten, sollte ich vielleicht vielmehr sagen, denn dieses Wort beleidigt nicht so sehr. Es gibt nämlich eine Stelle am Hinterkopf, so groß wie ein Schillingstück, die man nie selbst sehen kann. Das ist einer der Dienste, die das eine Geschlecht dem anderen antun kann – den schillinggroßen Flecken am Hinterkopf zu beschreiben. Denken Sie daran, wie sehr die Frauen von den Kommentaren des Juvenal, der Kritik Strindbergs profitiert haben. Denken Sie daran, mit welcher Menschlichkeit und Klugheit Männer von Anfang an Frauen auf die dunkle Stelle am Hinterkopf hingewiesen haben! Und wenn Mary sehr mutig und sehr ehrlich ist, würde sie sich hinter das andere Geschlecht stellen und uns verraten, was sie dort findet. Das wahre Bild eines Mannes insgesamt kann erst entworfen werden, wenn eine Frau die schillinggroße Stelle beschrieben hat. Mr. Woodhouse und Mr. Casaubon sind Stellen von dieser Größe und Art. Doch niemand bei rechtem Verstand sollte ihr anraten, diesen der Verachtung und der Lächerlichkeit preiszugeben – die Literatur erkennt die Nutzlosigkeit dessen, was in diesem Geist geschrieben wurde. Sei ehrlich, würden wir sagen, und das Ergebnis muß einfach absolut interessant sein. Die Komödie muß einfach bereichert werden, neue Wahrheiten müssen entdeckt werden.

Jetzt war es jedoch höchste Zeit, den Blick wieder auf die Seite zu senken. Anstatt darüber zu spekulieren, was Mary Carmichael schreiben würde und schreiben sollte, wäre es besser, zu schauen, was Mary Carmichael tatsächlich geschrieben hatte. Ich begann also wieder zu lesen. Ich erinnerte mich, daß ich bestimmte Einwände gegen sie hatte. Sie hatte Jane Austens Sätze aufgebrochen und mir so keine Chance gegeben, mich meines unfehlbaren Geschmacks, meines feinen Ohrs zu rühmen. Denn es hatte keinen Sinn, zu sagen: Jaja, ganz nett, Jane Austen aber schrieb viel besser als du, während ich zugeben mußte, daß keinerlei Ähnlichkeit zwischen ihnen bestand. Denn sie war weiter gegangen und hatte die Abfolgen aufgebrochen – die erwartete Ordnung der Dinge. Vielleicht hatte sie dies unbewußt getan und den Dingen bloß ihre natürliche Ordnung belassen; was eine Frau tun sollte, wenn sie wie eine Frau schreibt. Aber die Wirkung war irgendwie verblüffend; man konnte nicht sehen, wie sich eine Welle auftürmte, wie hinter der nächsten Biegung eine Krise wartete. Daher konnte ich mich nicht meiner tiefen Gefühle und meiner profunden Kenntnisse des menschlichen Herzens rühmen. Denn immer, wenn ich die üblichen Dinge über Liebe oder Tod am üblichen Platz fand, zerrte mich dieses ärgerliche Wesen beiseite, als läge der wichtige Punkt irgendwo weiter vorn. Und so machte sie es mir unmöglich, meine wohlklingenden Phrasen über »elementare Gefühle«, den »allgemeinen Stoff der Menschlichkeit« und »die Tiefe des menschlichen Herzens« abzuspulen, all jene

Phrasen, die uns in unserer Überzeugung bestärken, daß wir zwar oberflächlich gesehen sehr schlau sein mögen, aber im Innern sehr ernsthaft, sehr gründlich, sehr menschlich sind. Sie gab mir im Gegenteil das Gefühl, daß man statt ernsthaft und gründlich und menschlich zu sein, bloß träge Gedanken hatte und dazu noch konventionell war – und dieser Gedanke war viel weniger verführerisch.

Aber ich las weiter und bemerkte andere Punkte. Sie war kein »Genie« – das war offensichtlich. Sie hatte nicht die Liebe zur Natur, die brennende Vorstellungskraft, die wilde Poesie, den brillanten Geist, die grübelnde Weisheit ihrer großen Vorgängerinnen Lady Winchilsea, Charlotte Brontë, Emily Brontë, Jane Austen und George Eliot; sie konnte nicht mit der Melodie und der Würde von Dorothy Osborne schreiben – nein, sie war eigentlich nichts weiter als ein gescheites Mädchen, deren Bücher zweifelsohne in zehn Jahren von den Verlegern verramscht würden. Dennoch hatte sie bestimmte Vorteile, die weitaus begabtere Frauen vor einem Jahrhundert noch nicht aufwiesen. Die Männer waren für sie nicht mehr »Feinde«, sie brauchte ihre Zeit nicht mit Tiraden gegen sie zu verschwenden, sie brauchte nicht aufs Dach zu steigen und ihren Seelenfrieden mit der Sehnsucht nach Reisen, Erfahrung und Wissen und einem Charakter zu stören, die ihr verweigert wurden. Angst und Haß waren fast verschwunden, bei der Beschreibung des anderen Geschlechts zeigten sich nur noch Spuren in der leisen Übertreibung der Freude an der Freiheit, der Neigung zu Ironie und Satire, statt zur Romantik. Außerdem konnte kein Zweifel daran herrschen, daß sie als Schriftstellerin einige natürliche Vorteile hohen Ranges genoß. Sie besaß eine sehr starke, neugierige und freie Sensibilität. Sie reagierte auf fast unmerkliche Berührung. Sie labte sich wie eine Pflanze, die man ins Freie stellt, an jedem Anblick und jedem Geräusch, die sie erreichten. Sie umfaßte auch sehr subtil und neugierig fast unbekannte oder unaufgezeichnete Dinge, beleuchtete Kleinigkeiten und zeigte vielleicht, daß sie gar nicht so klein waren. Sie brachte verborgene Dinge ans Licht und ließ einen staunen, warum man sie überhaupt verborgen hatte. Sie war zwar etwas unbeholfen und ohne die unbewußte Haltung, die einem uralte Abstammung verleiht und die jeden Federstrich eines Thackeray oder Lambs so köstlich für das Ohr macht, aber – so begann ich zu denken – sie hatte die erste große Lektion begriffen: Sie schrieb wie eine Frau, aber wie eine Frau, die vergessen hat, daß sie eine Frau ist, so daß ihre Seiten voll von jener seltsamen geschlechtstypischen Eigenheit sind, die sich nur einstellt, wenn das Geschlecht sich seiner selbst unbewußt ist.

All dies sprach für sie. Aber weder ein Überreichtum an Gefühlen oder die Feinheit der Wahrnehmung würde ausreichen, wenn sie nicht aus dem Flüchtigen und dem Persönlichen ein dauerhaftes Gebäude errichten konnte, das nicht einstürzt. Ich hatte gesagt, ich würde warten, bis sie sich einer dramatischen »Situation« gestellt hatte. Und damit meinte ich, bis sie durch Heraufbeschwören, Heranwinken und Zusammenführen bewiesen hatte, daß sie nicht bloß an der Oberfläche plätscherte, sondern auch in die Tiefen gespäht hatte. Jetzt ist es an der Zeit, würde sie an einer bestimmten Stelle zu sich sagen, wenn ich ohne eine Gewalttat die Bedeutung von allem aufzeigen kann. Und sie würde beginnen – wie unverkennbar dieses Zucken ist! – heraufzubeschwören und herbeizurufen, und da würden sich in der Erinnerung halb vergessene, vielleicht gänzlich triviale Dinge versammeln, die in den anderen Kapiteln nebensächlich fallen gelassen worden waren. Und sie würde ihre Anwesenheit so natürlich wie möglich spürbar machen, während jemand nähte oder eine Pfeife rauchte, und man würde sich, wenn sie weiterschrieb, fühlen, als sei man auf den Gipfeln der Welt angelangt und sähe sie ausgebreitet und sehr majestätisch unter sich liegen.

Jedenfalls unternahm sie einen Versuch. Und als ich zusah,

wie sie sich probeweise ausbreitete, sah ich – hoffte aber, sie würde es nicht sehen – die Bischöfe und die Dekane, die Doktoren und die Professoren, die Patriarchen und die Pädagogen, die alle auf sie einbrüllten und sie warnten: »Das kannst du nicht machen, du sollst das nicht tun! Nur Gelehrte und Professoren dürfen den Rasen betreten! Damen sind ohne ein Empfehlungsschreiben nicht zugelassen! Hoffnungsfrohe, liebenswürdige Schriftstellerinnen, bitte beiseite treten.« Sie drangen auf sie ein wie die Menschenmenge an einem Hindernis beim Pferderennen, und sie hatte die Aufgabe, dieses Hindernis zu überwinden, ohne nach rechts oder links zu blicken. Wenn man stehenbleibt und flucht, ist man verloren, sagte ich zu ihr; auch wenn man innehält, um zu lachen. Ein Zögern oder Zaudern, und man ist erledigt. Denk nur an den Sprung, flehte ich sie an, als hätte ich mein sämtliches Geld auf sie gesetzt, und sie flog hinüber wie ein Vogel. Aber dahinter kam noch ein Hindernis und noch eines. Ob sie die Durchhaltekraft besaß, mochte ich bezweifeln, denn das Klatschen und Anfeuern zerrte an den Nerven. Aber sie gab ihr Bestes. Wenn man bedenkt, daß Mary Carmichael kein Genie war, sondern ein unbekanntes Mädchen, das seinen ersten Roman in einem möblierten Zimmer schrieb, ohne genügend wünschenswerte Zutaten zu haben wie Zeit, Geld, Muße, dann hatte sie das gar nicht schlecht geschafft, dachte ich.

Gib ihr noch mal hundert Jahre, schloß ich, als ich das letzte Kapitel las – die Nasen und bloßen Schultern der Personen zeigten sich nackt vor dem Sternenhimmel, denn jemand hatte am Vorhang im Salon gezupft –, gib ihr ein eigenes Zimmer und fünfhundert im Jahr, laß sie ihre Meinung frei heraus sprechen und die Hälfte von dem fortlassen, was sie nun hineinbringt, und sie wird eines Tages ein besseres Buch schreiben. In hundert Jahren, sagte ich, während ich *Life's Adventure* von Mary Carmichael ans Ende des Regals zurückstellte, wird sie eine Dichterin sein.

Sechstes Kapitel

Am nächsten Morgen fiel Oktoberlicht in staubigen Strahlen durch die vorhanglosen Fenster, und von der Straße herauf drang das Summen des Verkehrs. Londons Maschinerie zog sich wieder auf, alles regte sich, die Motoren setzten ein. Es war nach all der Leserei verführerisch, aus dem Fenster zu schauen und zu sehen, was London an diesem 26. Oktober 1928 so tat. Und was tat London? Niemand, so schien es, las *Antonius und Kleopatra*. London schien gegenüber Shakespeares Stücken völlig gleichgültig zu sein. Niemand scherte sich einen Deut – aber ich mache das keinem zum Vorwurf – um die Zukunft der Literatur, den Tod der Poesie oder die Entwicklung eines Prosastils bei der durchschnittlichen Frau, der genau ihrem Geist entsprach. Wenn man seine Meinung zu einem dieser Themen mit Kreide aufs Straßenpflaster gemalt hätte, niemand hätte sich gebückt, es zu lesen. Die Nonchalance eiliger Füße hätte sie in einer halben Stunde ausgewischt. Hier kam ein Botenjunge, da eine Frau mit einem Hund an der Leine. Die Faszination der Straßen Londons besteht darin, daß keine zwei Menschen sich jemals gleichen, jeder scheint mit seiner eigenen Gedankenwelt beschäftigt. Es gab die Geschäftigen mit ihren kleinen Taschen, die Schlendriane, die Stöckchen an Eisenzäunen entlang rasseln lassen, die jovialen Typen, denen die Straße als Club dient, die Männer in Droschken grüßen und einem Informationen geben, um die sie nicht gebeten wurden. Und es gab Leichenzüge, vor denen die Männer, so unvermittelt an die Vergänglickeit ihrer eigenen Körper erinnert, den Hut zogen. Und dann trat ein sehr vornehmer Gentleman langsam eine Schwelle herab und blieb stehen, um den Zusammenstoß mit einer geschäftigen Dame zu vermeiden, die auf die eine oder andere Weise einen prächtigen Pelzmantel und einen Strauß Parmaveilchen erstanden hatte. Alle diese schienen voneinander getrennt, in sich selbst versunken, mit ihren eigenen Gedanken beschäftigt.

In diesem Augenblick hielt der Verkehr, wie häufig in London, einen Moment lang völlig inne. Niemand und nichts kam die Straße herab, niemand ging vorbei. Von der Platane am Ende der Straße löste sich ein einzelnes Blatt und fiel in dieser Pause, in dieser Spannung herab. Irgendwie war es, als würde ein Zeichen gegeben, ein Signal, das auf eine Kraft in den Dingen hinwies, die man übersehen hatte. Es schien auf einen Fluß zu deuten, der unsichtbar vorbeifloß, sich um die Ecke, die Straße herab ergoß, der Menschen mit sich nahm und weitertrieb, wie der Fluß in Oxbridge den Studenten in seinem Boot und die welken Blätter mitgenommen hatte. Nun brachte er ein Mädchen in Lackstiefeln diagonal von einer Straßenseite zur anderen, dann einen jungen Mann in einem weinroten Mantel; er brachte auch ein Taxi herbei und führte alle drei direkt unter meinem Fenster zusammen; das Taxi hielt an, das Mädchen und der junge Mann blieben stehen und stiegen ein, und dann glitt die Droschke davon, als würde sie von der Strömung weitergetrieben.

Dieser Anblick war gewöhnlich genug; seltsam aber war die rhythmische Ordnung, mit der meine Phantasie sie ausgestattet hatte, und die Tatsache, daß der gewöhnliche Anblick von zwei jungen Menschen, die in ein Taxi steigen, die Kraft hat, etwas von deren augenscheinlichen Befriedigung zu vermitteln. Der Anblick von zwei Menschen, die die Straße herabkommen und sich an der Ecke treffen, scheint den Geist von einer gewissen Last zu befreien, dachte ich, als ich sah, wie das Taxi umdrehte und fortfuhr. Vielleicht ist der Gedanke eine Belastung, dem ich die letzten beiden Tage nachgehangen hatte, daß das eine Geschlecht sich vom anderen unterscheidet. Er stört die Einheit des Geistes. Als ich nun zusah, wie zwei Menschen sich trafen und in ein Taxi stiegen, ließ diese Belastung nach, und die Einheit war wieder hergestellt. Der Geist, dachte ich und zog meinen Kopf vom Fenster zurück, ist gewiß ein geheimnisvolles Organ, über das eigentlich nichts bekannt ist, aber wir hängen vollständig davon ab. Warum spüre ich im Gehirn Brüche und Gegensätze, wenn der Körper von offensichtlichen Dingen belastet wird? Was meint man mit »Einheit des Geistes«? überlegte ich, denn der Verstand hat eindeutig eine so große Kraft, sich jederzeit auf einen einzigen Punkt zu konzentrieren, daß er keinen eindeutigen Wesenszustand zu haben scheint. Er kann sich zum Beispiel von den Menschen auf der Straße unabhängig machen und sich, aus einem Fenster im Obergeschoß auf sie herabblickend, als getrennt von diesen denken, oder er kann spontan mit anderen Menschen denken, wie zum Beispiel in einer Menschenmenge, die auf das Verlesen einer Nachricht wartet. Er kann zurückdenken durch seine Väter oder Mütter, wie ich schon sagte, daß eine Frau, die schreibt, durch ihre Mutter zurückdenkt. Und als Frau wiederum ist man oft überrascht von einer unvermittelten Absplitterung des Bewußtseins, wenn sie etwa durch Whitehall geht und aus der natürlichen Erbin dieser Zivilisation das Gegenteil davon wird: außenstehend, befremdet und kritisch. Ganz eindeutig ändert der Verstand hier seinen Fixpunkt und rückt die Welt in eine andere Perspektive. Doch manche dieser Zustände scheinen, auch wenn sie spontan eingenommen werden, weniger angenehm als andere. Um darin zu bleiben, hält man unbewußt etwas zurück, und ganz allmählich wird diese Unterdrückung zu einer Anstrengung. Aber vielleicht gibt es einen Geisteszustand, in dem man mühelos bleiben kann, weil man nichts zurückdrängen muß. Und dieser hier, dachte ich vom Fenster zurücktretend, ist vielleicht einer von jenen. Denn als ich sah, wie das Paar in das Taxi stieg, fühlte sich mein Geist gewiß so, als sei er nach einer Trennung wieder in natürlicher Fusion verschmolzen. Der offensichtliche Grund dafür wäre, daß es natürlich für die Geschlechter ist, zu kooperieren. Man neigt grundsätzlich, obzwar unvernünftig und instinktiv, zu der Theorie, daß die Vereinigung von Mann und Frau die größte Befriedigung bietet, das vollständigste Glück. Aber der Anblick von zwei Menschen, die in ein Taxi steigen, und die Befriedigung, die mir dies gab, brachten mich auch zu der Frage, ob den beiden Geschlechtern im Körper auch zwei Geschlechter im Geist entsprechen, und ob diese ebenfalls vereint sein müssen, um vollständige Befriedigung und Glück zu erlangen. Daraufhin skizzierte ich einen dilettantischen Plan von der Seele, demzufolge in jedem von uns zwei Kräfte herrschen, eine männlich, die andere weiblich; und daß im Verstand des Mannes der Mann über die Frau dominiert, im Geist der Frau die Frau über den Mann. Ein normaler, angenehmer Zustand herrscht, wenn beide in Harmonie miteinander leben und geistig zusammenwirken. Auch wenn man ein Mann ist, muß der weibliche Teil im Gehirn immer wirken dürfen, und eine Frau muß mit dem Mann in sich verkehren. Das meinte vielleicht Coleridge, als er sagte, ein großer Geist sei stets androgyn. Erst wenn es zu dieser Fusion kommt, ist der Geist vollkommen fruchtbar und kann all seine Kapazitäten nutzen. Vielleicht kann ein Geist, der ausschließlich männlich ist, nicht schöpferisch sein, ebensowenig wie ein Geist, der ausschließlich weiblich ist, dachte ich. Aber man könnte es gut ausprobieren, was man mit mann-weiblich meint und auch mit frau-männlich, indem man innehält und sich das eine oder andere Buch ansieht.

Als Coleridge sagte, ein großer Geist sei androgyn, meinte er sicherlich keinen Geist, der für Frauen besondere Sympathie hat, einen Geist, der ihre Sache vertritt oder sich ihrer Deutung widmet. Vielleicht ist der androgyne Geist weniger zu diesen Unterscheidungen fähig als ein eingeschlechtlicher. Er meinte vielleicht, daß der androgyne Geist widerhallend und durchlässig ist, daß er Gefühle ohne Einschränkung übermittelt, daß er von Natur aus schöpferisch ist, strahlend und ungeteilt. Man kommt in der Tat auf Shakespeare als einen androgynen, einen Mann-Frau-Geist; dennoch vermöchte man unmöglich zu sagen, was Shakespeare über Frauen dachte. Und wenn es nun ein Anzeichen für einen voll entwickelten Geist sein sollte, daß er die Geschlechter nicht gesondert berücksichtigt oder getrennt voneinander denkt, dann ist es heute schwerer als je zuvor, diesen Zustand zu erreichen. Nun trat ich zu den Büchern der lebenden Schriftsteller, hielt inne und überlegte und grübelte darüber, ob diese Tatsache nicht die Wurzel von etwas bildete, was mich schon lange verwirrte. Kein Zeitalter kann jemals so schneidend geschlechtsbewußt gewesen sein wie das unsrige; diese unzähligen Bücher von Männern über Frauen im Britischen Museum sind dafür ein Beweis. Ohne Zweifel kann man dafür die Suffragettenbewegung verantwortlich machen. Sie muß in den Männern ein ungewöhnliches Bedürfnis nach Selbstbestätigung wachgerufen haben, sie muß sie gezwungen haben, das eigene Geschlecht und seine Eigenschaften mit solchem Nachdruck zu betonen, wie sie es ohne diese Herausforderung niemals für nötig befunden hätten. Und wenn man herausgefordert wird, auch bloß von ein paar Frauen in schwarzen Hüten, dann schlägt man zurück, und wenn man noch nie zuvor herausgefordert worden war, dann um so heftiger. Das liegt vielleicht einigen Charakteristika zugrunde, die ich mich erinnerte, hier gefunden zu haben, dachte ich, den neuen Roman von Mr. A. in die Hand nehmend, der in der Blüte seines Lebens steht und von dem die Kritiker offensichtlich viel halten. Ich schlug ihn auf. Es war in der Tat ergötzlich, wieder etwas von einem Mann zu lesen. Es war so direkt, so einfach, nach den Texten von Frauen. Es verriet eine solche Freiheit des Geistes und der Person, ein solches Selbstbewußtsein. Man bekam ein Gefühl von körperlichem Wohlbefinden angesichts dieses wohlgenährten, wohlgebildeten, freien Geistes, der niemals beeinträchtigt oder gestutzt worden war, sondern sich von Geburt an beliebig in alle Richtungen ausdehnen konnte. All das war bewundernswert. Doch nach ein paar Kapiteln schien ein Schatten über den Seiten zu liegen. Es war ein schwarzer Balken, ein Schatten, der irgendwie die Gestalt des Wörtchens »Ich« annahm. Man begann, sich hin und her zu winden, um einen Blick auf die Landschaft dahinter zu erspähen. Ich war mir nicht ganz sicher, ob dort ein Baum stand oder eine Frau herging. Doch man wurde immer wieder von diesem Wort »Ich« begrüßt. Man begann, dieses Ichs überdrüssig zu werden. Nicht daß dieses Ich nicht etwas höchst Respektables gewesen wäre, ehrlich und logisch, hart wie eine Nuß und seit Jahrhunderten von guter Bildung und guter Nahrung poliert. Ich respektiere und bewundere dieses Ich vom Grund meines Herzens. Aber – und hier blätterte ich suchend ein paar Seiten weiter – schlimm ist, daß im Schatten dieses Ichs alles so formlos wie der Nebel wird. Ist das ein Baum? Nein, es ist eine Frau. Aber... sie hat nicht einen einzigen Knochen im Körper, dachte ich, Phoebe betrachtend, denn so hieß sie, wie sie über den Strand kommt. Dann stand Alan auf, und der Schatten von Alan verdeckte sogleich Phoebe. Denn Alan hatte Ansichten, und Phoebe wurde von der Flut dieser Ansichten erstickt. Und dann hat Alan, so dachte ich, Leidenschaften, und ich blätterte sehr schnell Seite um Seite um, im Gefühl, daß sich die Krise zuspitzte, und genau das geschah auch. Sie fand am Strand im vollen Sonnenschein statt. Es geschah sehr offen. Es spielte sich sehr heftig ab. Nichts hätte unanständiger sein können. Aber... ich sage zu oft »aber«. Man kann nicht immer nur »aber« sagen. Man muß seine Sätze irgendwie zu Ende bringen, schalt ich mich. Ich sollte ihn beenden mit: »Aber ich langweile mich!« Doch warum langweilte ich mich? Teils wegen der Dominanz des Wörtchens »Ich« und wegen der Dürre, die es wie eine riesige Buche in seinem Schatten verbreitet. Da wächst nichts mehr. Teils aber auch aus einem obskureren Grund. Es schien ein Hindernis zu geben, einen Propfen in Mr. A.s Verstand, der den Quell der schöpferischen Energie verstopfte und sie in sehr engen Grenzen hielt. In Erinnerung an die Mittagsgesellschaft in Oxbridge und die Zigarettenasche und die Manx-Katze und Tennyson und Christina Rossetti schien es möglich, daß die Blockierung hier lag. Weil er nicht mehr verhalten summt: »*There has fallen a splendid tear from the passion-flower at the gate...*«, wenn Phoebe über den Strand ging, weil sie nicht mehr erwidert: »*My heart is like a singing bird whose nest is in a watered shoot*«, wenn Alan sich ihr nähert, was kann er tun? So ehrlich wie die Sonne und so logisch wie der Tag, gibt es für ihn nur eines. Und das tut er, um ihm Gerechtigkeit zukommen zu lassen, immer und immer wieder (sagte ich, die Seiten umblätternd), immer und immer wieder. Und das scheint – und ich war mir der fürchterlichen Natur dieses Bekenntnisses bewußt – irgendwie langweilig. Shakespeares Unanständigkeit wühlt in einem tausend andere Dinge auf und ist überhaupt nicht langweilig. Aber Shakespeare tut es aus reinem Vergnügen; Mr. A. tut es, wie die Kinderfrauen sagen, mit Absicht. Er tut es aus Protest. Er protestiert gegen die Ebenbürtigkeit des anderen Geschlechts, indem er auf seine eigene Überlegenheit pocht. Daher ist er beschränkt und behindert und so verschüchtert wie Shakespeare gewesen wäre, wenn er Miss Clough und Miss Davies gekannt hätte. Zweifelsohne wäre die elisabethanische Literatur ganz anders ausgefallen, wenn die Frauenbewegung im sechzehnten Jahrhundert ihren Ausgang genommen hätte und nicht im neunzehnten.

Und wenn diese Theorie der beiden Seiten des Geistes nun stimmt, daß Männlichkeit eine bewußte Sache geworden ist, daß die Männer heute nur mit der männlichen Seite ihres Verstandes schreiben? Dann ist es ein Fehler, wenn eine Frau sie liest, denn sie wird unweigerlich immer nach dem Ausschau halten, was sie nicht finden wird. Es ist vorwiegend Suggestionskraft, die sie vermißt, dachte ich, nahm einen Kritiker zur Hand und las sehr aufmerksam und pflichtbewußt seine Bemerkungen über die Dichtkunst. Sehr fähig, sehr scharfsinnig, diese Bemerkungen über die Poesie, aber das Problem war, daß er seine Gefühle nicht mehr mitteilte; sein Geist schien in getrennte Kammern aufgeteilt, nicht ein Laut drang von der einen zur anderen. Daher fällt ein Satz von Mr. B., den man in sich aufnimmt, plump auf den Boden – tot. Doch wenn man einen Satz von Coleridge in sich aufnimmt, explodiert er und gebiert alle möglichen anderen Gedanken, und das ist die einzige Art Literatur, von der man sagen kann, sie besitze das Geheimnis des ewigen Lebens.

Doch gleich was der Grund dafür sein mag, es ist eine beklagenswerte Tatsache. Denn sie bedeutet – hier war ich bei der Bücherreihe von Mr. Galsworthy und Mr. Kipling angekommen –, daß einige der besten Werke unserer größten zeitgenössischen Schriftsteller auf taube Ohren stoßen. Eine Frau kann tun, was sie will, sie kann in ihnen nicht den Quell des ewigen Lebens finden, der den Kritikern zufolge dort fließt. Nicht nur daß sie männliche Tugenden loben, männliche Werte vertreten und die Welt von Männern beschreiben, nicht daß die Gefühle, mit denen diese Bücher durchdrungen sind, für Frauen unverständlich sind. Es kommt, es braut sich zusammen, es zerplatzt einem fast über dem Kopf, beginnt man lange vor dem Ende zu sagen. Das Bild wird auf Jolyons Kopf fallen, er wird an dem Schock sterben, der alte Diener wird ein paar Worte über seinem Leichnam sprechen, und alle Schwäne auf der Themse brechen gleichzeitig in einen Gesang aus. Aber man eilt davon, ehe das geschieht, und versteckt sich in den Stachelbeerbüschen, denn die Emotionen, die für einen Mann so tief, so subtil, so symbolisch sind, bringen eine Frau nur zum Staunen. Das ist so, wenn Mr. Kiplings Offiziere einem den Rücken zuwenden, seine Säer die SAAT streuen, seine MÄNNER allein mit ihrer ARBEIT sind, und die FAHNE – man errötet bei all diesen kapitalen Begriffen, als hätte man heimlich eine rein männliche Orgie belauscht. Tatsache ist, daß weder Mr. Galsworthy noch Mr. Kipling auch nur einen Funken Frau in sich tragen. Daher erscheinen einer Frau, wenn man einmal verallgemeinern darf, all ihre Qualitäten grob und unreif. Es mangelt ihnen an Suggestivkraft. Und wenn es einem Buch an Suggestivkraft mangelt, dann kann es nicht in den Geist eindringen, gleich, wie hart es auf ihn einschlägt.

Und in dieser unruhigen Stimmung, mit der man Bücher herauszieht und wieder fortstellt, ohne sie richtig anzuschauen, begann ich ein Zeitalter der reinen, selbstherrlichen Virilität zu erahnen, wie es die Briefe von Professoren (oder auch die Sir Walter Raleighs) anzukündigen scheinen, und wie es die Herrscher Italiens bereits geschaffen hatten. Denn man kann nicht umhin, in Rom von der Atmosphäre ungebrochener Maskulinität beeindruckt zu sein, und gleich, welchen Wert ungebrochene Maskulinität für den Staat haben mag, es ist fraglich, welche Wirkung sie auf die Dichtkunst ausübt. Jedenfalls herrscht in Italien einer Zeitungsmeldung zufolge ziemliche Angst um die Literatur. Es hat bereits eine Konferenz von Wissenschaftlern gegeben, deren Ziel war, »den italienischen Roman zu entwickeln«. »Männer, von Geburt her berühmt, Männer aus der Industrie und der Finanzwelt und aus den faschistischen Verbänden« trafen sich neulich und diskutierten die Angelegenheit, und dann schickte man ein Telegramm an den Duce, in dem man die Hoffnung ausdrückte, »daß die Ära des Fascismus bald einen Dichter hervorbringt, der ihrer würdig ist«. Wir alle teilen diese fromme Hoffnung, aber es ist zu bezweifeln, ob man Poesie in einem Brutkasten züchten kann. Die Poesie sollte sowohl eine Mutter wie einen Vater haben. Das Fascist-Poem, so fürchtet man, wird bloß zu einem schrecklichen kleinen Fötus, wie man sie manchmal in Glasbehältern in Kleinstadtmuseen betrachten kann. Solche Monstren leben nie lange, heißt es, man hat noch nie gesehen, wie ein solches Wesen fröhlich auf der Wiese graste. Zwei Köpfe auf einem Körper sind einem langen Leben nicht förderlich.

Jedoch liegt die Schuld an all dem, wenn man darauf bedacht ist, irgendwelche Schuld zuzuweisen, weder beim einen noch beim anderen Geschlecht. Alle Verführer und Reformer sind dafür verantwortlich. Lady Bessborough, als sie Lord Granville anlog, Miss Davies, als sie Mr. Greg die Wahrheit sagte. Alle, die diesen Zustand des Geschlechtsbewußtseins gefördert haben, sind schuldig, und sie sind es, die mich treiben, wenn ich meine Fähigkeiten an einem Buch ausprobieren möchte, es in jenem glücklichen Zeitalter zu suchen, ehe Miss Davies und Miss Clough geboren waren, als Schriftsteller beide Seiten ihres Geistes gleichermaßen benutzten. Dann muß man sich wieder an Shakespeare wenden, denn Shakespeare war androgyn; Keats und Sterne und Cowper und Lamb und Coleridge waren es ebenso. Shelley war vielleicht geschlechtslos. Milton und Ben Jonson hatten einen Hauch zuviel Männlichkeit in sich. Das gleiche gilt für Wordsworth und Tolstoi. In unserer Zeit war es Proust, der völlig androgyn war, wenn nicht sogar ein wenig zu stark eine Frau. Aber dieser Mangel ist zu selten, als daß man sich darüber beklagen würde, da ohne eine gewisse Mischung der Arten der Intellekt zu herrschen scheint und die anderen Fähigkeiten des Verstandes verhärten und unfruchtbar werden. Ich tröstete mich jedoch mit dem Gedanken, daß dies vielleicht eine vorübergehende Phase sei; ein Großteil dessen, was ich mein Versprechen befolgend von mir gegeben habe, Ihnen den Verlauf meiner Gedanken aufzuzeigen, wird schon veraltet scheinen; vieles von dem, was in meinem Blick flammt, wird Ihnen zweifelhaft erscheinen, wenn Sie noch nicht mein Alter erreicht haben.

Dennoch, der erste Satz, den ich hier schreiben würde, sagte ich, zum Schreibtisch gehend und das Blatt mit dem Titel *Frauen und Literatur* aufnehmend, ist, daß es für jeden, der schreibt, fatal ist, an sein/ihr Geschlecht zu denken. Es ist fatal, schlicht und einfach ein Mann oder eine Frau zu sein; man muß frau-männlich oder mann-weiblich sein. Es ist fatal, wenn eine

Frau irgendeinen ihrer Kummer hervorhebt, in irgendeinem Fall um Gerechtigkeit fleht, überhaupt bewußt als Frau spricht. Und wenn ich »fatal« sage, dann ist das keine bloße Redewendung, denn alles, was mit einem bewußten Vorurteil geschrieben wird, ist zum Tode verurteilt. Es hört auf, fruchtbar zu sein. So brillant und wirksam, mächtig und meisterhaft, wie es vielleicht ein paar Tage erscheint, es muß bei Anbruch der Nacht welken; es kann nicht im Verstand anderer gedeihen. Ehe die Kunst der Schöpfung gemeistert werden kann, muß im Geist eine Zusammenarbeit zwischen Mann und Frau erreicht werden. Eine Ehe aus zwei Gegensätzen muß vollzogen werden. Der Geist muß als Ganzes weit offen daliegen, wenn wir das Gefühl bekommen sollen, daß der Autor seine Erfahrung perfekt und vollständig vermittelt. Es muß Freiheit herrschen und Frieden. Nicht ein Rädchen darf quietschen, kein Licht flackern. Die Vorhänge müssen dicht zugezogen sein. Der Schriftsteller, dachte ich, muß sich, wenn diese Erfahrung vorbei ist, zurücklehnen und im Geist die Hochzeitsfeierlichkeiten in Dunkelheit zelebrieren. Er darf das, was getan wurde, nicht befragen oder anschauen. Er muß vielmehr Blätter von der Rose zupfen oder zusehen, wie die Schwäne langsam den Fluß abwärts ziehen. Und wieder sah ich die Strömung, die das Boot und den Studenten und die welken Blätter mit sich nahm, und das Taxi nahm den Mann und die Frau mit, dachte ich, nachdem sie sich auf der anderen Straßenseite getroffen hatten, und die Strömung, dachte ich, auf das Dröhnen des Londoner Verkehrs lauschend, riß sie mit sich in seiner gewaltigen Flut.

Hier hört Mary Beton zu sprechen auf. Sie hat Ihnen erzählt, wie sie zu ihrem Schluß gelangte – dem prosaischen Schluß –, daß es notwendig ist, fünfhundert Pfund im Jahr und ein Zimmer mit einem Schloß an der Tür zu haben, wenn man Romane oder Gedichte schreiben will. Sie hat versucht, ihre Gedanken und Eindrücke bloßzulegen, die sie zu diesem Schluß führten.

Sie hat Sie gebeten, ihr zu folgen, wie sie einem Pedell in die Arme lief, hier zu Mittag aß, dort zu Abend, Bilder im Britischen Museum kritzelte, Bücher vom Regal nahm, aus dem Fenster schaute. Während sie all die Dinge tat, haben Sie ohne Zweifel ihre Fehler und Launen beobachtet und beschlossen, welche Wirkung diese auf Ihre Meinung hätten. Sie haben ihr widersprochen und solche Hinzufügungen und Abstriche gemacht, die Ihnen angebracht erschienen. Das ist alles so, wie es sein sollte, denn bei einer Frage wie dieser kann man Wahrheit nur erzielen, wenn man viele unterschiedliche Irrtümer übereinander legt. Ich will jetzt für mich enden, indem ich zwei Kritikpunkte vorwegnehme, die so offensichtlich sind, daß Sie kaum umhin können, sie anzubringen.

Es wurde nicht die kleinste Meinung ausgedrückt, werden Sie vielleicht sagen, über die vergleichsweisen Verdienste der Geschlechter als Schriftsteller. Das geschah mit Absicht, denn selbst wenn die Zeit für eine solche Einschätzung gereicht hätte – und es ist im Moment viel wichtiger zu wissen, wieviel Geld und wie viele Zimmer Frauen hatten, statt über ihre Fähigkeiten zu theoretisieren –, selbst wenn die Zeit gekommen ist, glaube ich nicht, daß Talente, ob im Geist oder Charakter, abgewogen werden können wie Zucker und Butter, nicht einmal in Cambridge, wo sie so geschickt die Menschen in Klassen aufteilen, ihnen Kappen auf den Kopf setzen und Buchstaben an den Nachnamen hängen. Ich glaube nicht einmal, daß die Rangordnung in Whitakers *Almanack* eine letztendliche Ordnung aller Dinge darstellt, oder daß es irgendeinen guten Grund für die Regel gibt, daß ein Komtur des Bath-Ordens auf immer und ewig hinter einem Meister des Irrsinns zum Essen schreitet. All dieses Gegeneinandersetzen von einem Geschlecht gegen das andere, von einer Qualität gegen eine andere, all diese Behauptungen der Überlegenheit und die Annahme von Unterlegenheit gehört zur Privatschulexistenz der Menschheit, wo es »Parteien« gibt und es notwendig ist, daß die eine Partei die andere schlägt, und wo es von oberster Wichtigkeit ist, daß man aufs Podium geht und aus den Händen des Direktors selbst einen reich verzierten Pokal entgegennimmt. Wenn Menschen reifen, hören sie auf, an Direktoren und reichverzierte Pokale zu glauben. Wenn es um Bücher geht, ist es ohnehin notorisch schwierig, Verdienstplaketten so anzubringen, daß sie nicht mehr abgehen. Sind nicht die Besprechungen der gegenwärtigen Literatur eine ewiges Beispiel dafür, wie schwierig eine Beurteilung ist? »Dieses großartige Buch«, »dieses wertlose Bändchen«, heißt es über ein und dasselbe Buch. Lob und Vorwurf bedeuten beide nichts, nein, so köstlich der Zeitvertreib des Vergleichens auch sein mag, es ist die unnützeste aller Beschäftigungen, und sich den Regeln der Beckmesser zu unterwerfen ist die servilste aller Haltungen. Solange man schreibt, was man zu schreiben wünscht, ist nur das wichtig; und ob es für Zeitalter Bedeutung hat oder nur für Stunden, kann niemand sagen. Aber auch nur ein Haar auf dem Haupt Ihrer Visionen zu opfern, eine Nuance seiner Farbe, um irgendeinem Direktor mit einem Silberpokal in der Hand oder einem Professor mit einem Meßstab im Ärmel zu gefallen, ist der verächtlichste Verrat, und der Verlust von Reichtum und Keuschheit, die man für das schlimmste menschliche Unglück hält, sind im Vergleich dazu bloße Flohstiche.

Als nächstes stelle ich mir vor, wie Sie einwenden, daß ich in all dem zuviel Wert auf die materiellen Dinge gelegt habe. Auch wenn man großzügig mit Symbolismus umgeht und die fünfhundert im Jahr für einen Weg zur Kontemplation und ein Schloß an der Tür als Voraussetzung zum ungestörten Denken ansieht, könnte man immer noch sagen, daß sich der Geist über solche Dinge erheben soll und daß große Dichter oft arm gewesen sind. Lassen Sie mich daher die Worte eines Ihrer Literaturprofessoren zitieren, der besser als ich weiß, was einen zum Dichter macht. Sir Arthur Quiller-Couch schreibt:

»Wie heißen denn die großen Dichternamen der letzten hundert Jahre? Coleridge, Wordsworth, Byron, Shelley, Landor, Keats, Tennyson, Browning, Arnold, Morris, Rossetti, Swinburne – hier können wir abbrechen. Alle mit Ausnahme von Keats, Rossetti und Swinburne waren Männer mit Universitätsbildung; und von diesen dreien war Keats, der jung starb und in der Blüte des Lebens dahingerissen wurde, der einzige, der nicht sonderlich wohlhabend war. Es mag brutal klingen, und es ist traurig, aber es ist eine harte Tatsache, daß die Theorie, die da lautet, daß der poetische Geist wehet, wohin er will, ob unter arm oder reich, kaum wahr ist. Die harte Tatsache lautet vielmehr, daß neun von diesen zwölf Dichtern Akademiker waren, was bedeutet, daß sie auf eine oder andere Weise die Mittel aufbrachten, um die beste Erziehung zu bekommen, die England zu bieten hat. Die nackte Tatsache lautet, daß man von den restlichen dreien weiß, daß Browning wohlhabend war, und ich behaupte nun, wenn er nicht so wohlhabend gewesen wäre, daß er es ebensowenig geschafft hätte, *Saul* oder sein *Ring and the Book* zu schreiben wie Ruskin seine *Modern Painters* geschrieben hätte, wenn sein Vater nicht ein erfolgreicher Geschäftsmann gewesen wäre. Rossetti hatte ein bescheidenes Vermögen, und außerdem malte er. Da bleiben uns nur Keats, den Atropos jung dahinraffte, genau wie sie John Clare im Irrenhaus traf und James Thomson mit dem Laudanum, das er nahm, um die Enttäuschung zu betäuben. Das sind furchtbare Tatsachen, aber wir müssen uns ihnen stellen. Es ist gewiß – gleichwie uns dies als Nation entehrt –, daß aufgrund irgendeines Fehlers in unserem Staate der arme Dichter in diesen Tagen wie auch vor zweihundert Jahren nicht die geringste Chance hat. Glauben Sie mir, und ich habe den Großteil von zehn Jahren damit zugebracht, an die dreihundertzwanzig Grundschulen zu besuchen – wir mögen uns der Demokratie rühmen, aber ein armes Kind hat in England nur wenig mehr Hoffnung als der Sohn eines athenischen Sklaven, sich zu der geistigen Freiheit zu emanzipieren, aus der heraus große Werke geboren werden.«[9]

Niemand hätte das deutlicher ausdrücken können: »Der arme Dichter hat heute wie vor zweihundert Jahren nicht die geringste Chance... ein armes Kind in England hat nur wenig mehr Hoffnung als der Sohn eines athenischen Sklaven, sich zu jener geistigen Freiheit zu emanzipieren, aus der große Werke geboren werden.« So ist es. Geistige Freiheit hängt von materiellen Dingen ab. Dichtung hängt von geistiger Freiheit ab. Und Frauen sind immer schon arm gewesen, nicht erst seit bloßen zweihundert Jahren, sondern vom Anbeginn der Zeit an. Frauen haben weniger geistige Freiheit als die Söhne athenischer Sklaven. Frauen haben daher nicht die geringste Chance, Gedichte zu schreiben. Daher lege ich so großen Wert auf Geld und ein eigenes Zimmer. Dank der Bemühungen jener unbekannten Frauen der Vergangenheit, von denen mehr zu wissen ich uns wünschte, dank seltsamerweise der beiden Kriege, dem Krimkrieg, der Florence Nightingale aus ihrem Salon herausholte, und dem Weltkrieg, der die Tür sechzig Jahre später auch der Durchschnittsfrau öffnete, wurden diese Mißstände gebessert. Andernfalls säßen Sie heute abend nicht hier, und Ihre Chance, fünfhundert Pfund im Jahr zu verdienen, so selten das, fürchte ich, immer noch ist, wäre äußerst gering.

Aber, aber, so wenden Sie vielleicht ein, warum verleihen Sie diesem Bücherschreiben von Frauen solche Bedeutung, wenn es, wie Sie sagen, so große Mühen kostet, vielleicht zum Mord an der eigenen Tante führt, einen fast unweigerlich zu spät zum Essen bringt und einen in sehr ernste Diskussionen mit bestimmten sehr netten Mitmenschen bringt? Meine Motive sind, das muß ich zugeben, zum Teil sehr selbstsüchtig. Wie die meisten ungebildeten Engländerinnen lese ich gern – gern und viel. In letzter Zeit ist mein Lesefutter ein wenig monoton ge-

9 Sir Arthur Quiller-Couch, *The Art of Writing.*

worden; bei der Geschichte geht es zu sehr um die Kriege, bei Biographien zu sehr um große Männer, die Dichtung hat, wie ich glaube, eine Tendenz zur Sterilität entwickelt, und die Prosa – aber ich habe meine Unfähigkeit, moderne Literatur zu kritisieren, zur Genüge gezeigt und werde nun nichts weiter darüber sagen. Daher möchte ich Sie bitten, alle möglichen Bücher zu schreiben und bei keinem Thema zu zögern, gleich, wie trivial oder abschreckend es sein mag. Ich hoffe, daß Sie dazu genügend Geld erlangen, um zu reisen und Muße zu haben, die Zukunft oder die Vergangenheit der Welt zu bedenken, über Büchern zu träumen und an Straßenecken herumzuhängen und die Angelschnur der Gedanken tief in den Strom zu senken. Denn ich will Sie keineswegs auf Romane allein beschränken. Wenn Sie mir einen Gefallen tun wollen – und von meiner Sorte gibt es Tausende –, würden Sie Reise- und Abenteuerbücher schreiben, Forschungsarbeiten und akademische Abhandlungen, Geschichtsbücher und Biographien, Literaturkritik und Philosophie und Naturwissenschaften. Damit werden Sie der Kunst der Literatur sicherlich nützen. Denn Bücher haben es an sich, sich gegenseitig zu beeinflussen. Dem Roman geht es viel besser, wenn er Seite an Seite neben Gedichten und Philosophie steht. Und wenn man an die großen Gestalten der Vergangenheit denkt, wie Sappho, Lady Murasaki, Emily Brontë, werden Sie feststellen, daß sie ebenso Erbinnen wie Schöpferinnen sind, und existieren, weil Frauen es sich angewöhnt haben, natürlich zu schreiben; daher wäre eine solche Aktivität Ihrerseits allein als Vorspiel zu Gedichten unschätzbar.

Doch wenn ich diese Aufzeichnungen durchgehe und meinen eigenen Gedankengang kritisch betrachte, stelle ich fest, daß meine Motive nicht gänzlich egoistisch waren. Durch diese Bemerkungen und Abschweifungen läuft die Überzeugung hindurch – oder ist es ein Instinkt –, daß gute Bücher etwas Wünschenswertes sind, und gute Schriftsteller, auch wenn sie jeden Zug menschlicher Verwerflichkeit aufzeigen, immer noch gute Menschen sind. Wenn ich Sie daher bitte, mehr Bücher zu schreiben, dränge ich Sie, etwas zu tun, was für Sie selbst und den Rest der Welt von Nutzen sein wird. Wie man diese Überzeugung oder diesen Instinkt rechtfertigt, weiß ich nicht, denn philosophische Begriffe neigen dazu, mit dem falschzuspielen, der nicht an einer Universität ausgebildet wurde. Was meint man mit »Realität«? Es scheint, als handele es sich um etwas sehr Flüchtiges und Unzuverlässiges – man findet sie jetzt auf einer staubigen Straße, dann in einem Zeitungsfetzen, nun wieder in einer Narzisse im Sonnenlicht. Sie beleuchtet eine Gruppe Menschen in einem Raum und bringt eine zufällige Bemerkung hervor. Sie überwältigt einen auf dem Heimweg unter Sternen und macht die stumme Welt realer als die Welt der Worte. Und dann wieder ist sie ein Omnibus in dem Gewühl von Piccadilly. Manchmal scheint sie sogar in Formen zu weilen, die uns zu fern sind, um ihr Wesen zu bestimmen. Aber was immer sie berührt, sie hält es fest und macht es dauerhaft. Das ist es, was bleibt, wenn die Haut des Tages in den Hecken abgestreift wurde, das ist es, was von vergangener Zeit und unserer Liebe und unserem Haß übrig bleibt. Und der Schriftsteller, wie ich ihn mir vorstelle, hat mehr als andere Menschen die Chance, in Gegenwart dieser Realität zu leben. Es ist seine Aufgabe, sie zu finden und zu sammeln und sie dem Rest der Welt mitzuteilen. Das zumindest schließe ich nach dem Lesen von *Lear, Emma* oder *La Recherche du Temps Perdu*. Denn das Lesen dieser Bücher scheint wie eine bestimmte klärende Operation auf die Sinne zu wirken; man sieht anschließend schärfer, die Welt scheint von einigen abdeckenden Schichten befreit, sie scheint ein intensiveres Leben zu gewinnen. Es sind beneidenswerte Menschen, die in Feindschaft mit der Unwirklichkeit leben; und jene sind bemitleidenswert, die davon überwältigt werden, wenn sie sich ohne Wissen oder Sorge ihr aussetzen. Und wenn ich Sie bitte, eigenes Geld zu verdienen und ein Zimmer für sich zu haben, dann bitte ich Sie, in der Gegenwart von Realität zu leben, ein anregendes Leben zu führen, ob man es nun vermitteln kann oder nicht.

Hier würde ich gern abbrechen, aber der Druck der Konvention bestimmt, daß jede Rede ein Schlußwort haben sollte. Und ein Schlußwort an Frauen sollte, da werden Sie zustimmen, etwas besonders Anspornendes und Erhebendes haben. Ich sollte Sie anflehen, sich an Ihre Verantwortung zu erinnern, sich zu erheben und geistiger zu werden; ich sollte Sie erinnern, wie viel von Ihnen abhängt und welchen Einfluß Sie auf die Zukunft ausüben können. Aber diese Ausführungen kann man meiner Meinung nach getrost dem anderen Geschlecht überlassen, das sie mit viel größerer Beredtsamkeit vorbringen wird und vorgebracht hat, als ich mir je ausdenken könnte. Wenn ich meine Gedanken durchgehe, finde ich keine edlen Gedanken über Gefährtinnen und Ebenbürtigkeit und wie man die Welt zum Besseren beeinflußt. Ich stehe bloß da und sage kurz und prosaisch, daß es viel wichtiger ist, man selbst zu sein als jemand anderer. Träumen Sie nicht davon, andere Menschen zu beeinflussen, würde ich sagen, wenn ich wüßte, wie man es fertigbringt, daß es erhebend klingt. Denken Sie an Dinge an sich.

Und dann wieder werde ich nach einem Blick in Zeitungen und Romane und Biographien daran erinnert, daß eine Frau, wenn sie vor Frauen eine Rede hält, sich etwas sehr Unangenehmes für den Schluß aufsparen sollte. Frauen sind zu anderen Frauen immer hart. Frauen lieben andere Frauen nicht. Frauen – aber sind Sie dieses Wort nicht zum Sterben überdrüssig? Ich kann Ihnen versichern, ich bin es. Stimmen wir daher überein, daß ein Vortrag, der von einer Frau vor anderen Frauen gehalten wird, mit etwas sehr Unangenehmem enden sollte.

Aber wie machen wir das? Was fällt mir dazu ein? Die Wahrheit lautet, daß ich Frauen oft mag. Ich mag ihre Unkonventionalität. Ich mag ihre Vollkommenheit. Ich mag ihre Anonymität. Ich mag... aber ich darf nicht so weitermachen. Der Schrank dort – Sie sagen, es sind bloß saubere Servietten darin, aber wenn sich nun Sir Archibald Bodkin darin versteckt hat? Lassen Sie mich daher einen strengeren Tonfall annehmen. Habe ich Ihnen in meinen vorangegangenen Worten genügend die Warnungen und Vorwürfe der Menschheit deutlich gemacht? Ich habe Ihnen die sehr geringe Meinung mitgeteilt, die Mr. Oscar Browning von Ihnen hatte. Ich habe angedeutet, was Napoleon von Ihnen dachte und was Mussolini heute denkt. Dann habe ich, falls eine unter Ihnen literarische Höhen anstrebt, zu ihrem Nutzen den Rat des Kritikers wiederholt, daß Sie die Grenzen Ihres Geschlechts tapfer anerkennen sollten. Ich habe mich auf Professor X bezogen und seiner Bemerkung einen Platz eingeräumt, daß Frauen geistig, moralisch und körperlich dem Manne unterlegen seien. Ich habe all das weitergereicht, was mir in die Quere gekommen ist, ohne danach zu suchen, und hier eine letzte Warnung: Von Mr. John Langdon Davies. Mr. John Langdon Davies warnt Frauen: »Wenn Kinder nicht mehr insgesamt als wünschenswert erscheinen, hören Frauen auf, insgesamt notwendig zu sein.«[10] Ich hoffe, Sie merken sich das.

Wie kann ich Sie weiter ermutigen, sich mit dem Geschäft des Lebens abzugeben? Junge Frauen, würde ich sagen, und bitte hören Sie aufmerksam zu, denn nun beginnt mein Schlußwort, Sie sind meiner Meinung nach entsetzlich unwissend. Sie haben niemals eine Entdeckung von irgendwelcher Bedeutung gemacht. Sie haben nie ein Reich erschüttert oder eine Armee in die Schlacht geführt. Die Dramen Shakespeares stammen nicht von Ihnen, und Sie haben niemals eine barbarische Rasse mit den Segnungen der Zivilisation beglückt. Und was ist Ihre Entschuldigung? Es ist ja schön und gut, wenn Sie

10 John Langdon Davies, *A Short History of Women.*

sagen, indem Sie auf die Straßen und Plätze und die Wälder der Erde deuten, die von schwarzen, weißen und kaffeefarbenen Einwohnern wimmeln, alle mit Verkehr und Handel und Liebe beschäftigt, wir hatten anderes zu tun. Ohne unser Zutun würden die Meere unbefahren sein und die fruchtbaren Lande eine Wüste. Wir haben die eintausendsechshundertdreiundzwanzig Millionen Menschen, die der Statistik zufolge heute leben, geboren und aufgezogen, gewaschen und gelehrt, vielleicht bis zum Alter von sechs oder sieben Jahren, und das dauert, auch mit ein wenig Hilfe, seine Zeit.

Darin liegt einige Wahrheit – das will ich nicht abstreiten. Aber darf ich Sie zugleich daran erinnern, daß es seit dem Jahre 1866 mindestens zwei Colleges für Frauen in England gibt, daß es seit 1880 einer verheirateten Frau gesetzlich erlaubt ist, ihren eigenen Besitz zu haben, und daß sie 1919 – das war vor ganzen neun Jahren – das Wahlrecht bekam? Darf ich Sie auch daran erinnern, daß Ihnen seit fast zehn Jahren fast alle Berufe offenstehen? Wenn Sie über diese ungeheuren Privilegien nachdenken und wie lange man sich dieser schon erfreuen kann, darüber, daß es in diesem Augenblick an die zweitausend Frauen gibt, die fähig sind, auf die eine oder andere Weise fünfhundert Pfund im Jahr zu verdienen, dann werden Sie zustimmen, daß die Entschuldigung, es herrsche Mangel an Gelegenheit, Ausbildung, Förderung, Muße und Geld, nicht mehr gilt. Darüber hinaus sagen uns die Wissenschaftler, daß Mrs. Seton zu viele Kinder hatte. Sie müssen natürlich weiterhin Kinder bekommen, aber, so sagen sie, etwa zwei oder drei, nicht mehr zehn oder zwölf.

Daher denke ich, sollten Sie sich mit ein bißchen Zeit und Büchern für den Verstand – sie hatten genug von dem einen und wurden teilweise aufs College geschickt, um ungebildet zu werden – gewiß auf eine weitere Stufe dieser sehr langen, sehr mühsamen und sehr obskuren Karriere begeben. Tausend Federn sind gespitzt, um vorzuschlagen, was Sie tun könnten und welche Wirkung Sie haben werden. Mein eigener Vorschlag ist zugebenermaßen ein wenig phantastisch, daher kleide ich ihn in Form einer Geschichte.

Ich erzählte Ihnen im Verlauf dieser Rede, daß Shakespeare eine Schwester hatte, aber schlagen Sie sie nicht in Sir Sidney Lees *Leben des Dichters* nach. Sie starb jung – und ach, sie schrieb kein einziges Wort. Sie liegt an der Omnibushaltestelle gegenüber vom »Elephant and Castle« begraben. Ich bin nun der Überzeugung, daß diese Dichterin, die niemals ein Wort schrieb und an der Kreuzung begraben liegt, immer noch lebt. Sie lebt in Ihnen und in mir und in vielen anderen Frauen, die heute abend nicht hier sind, denn sie waschen die Teller ab und bringen die Kinder ins Bett. Aber sie lebt; denn große Dichterinnen sterben niemals, sie sind fortwährende Präsenzen, sie brauchen nur die Chance, wieder in Fleisch und Blut unter uns zu sein. Es liegt meiner Meinung nach in unserer Macht, ihr bald diese Gelegenheit zu geben, denn ich bin überzeugt, wenn wir noch ein Jahrhundert oder so weiterleben – ich spreche hier vom gemeinsamen Leben, das wirklich ist, und nicht den kleinen, separaten Leben, die wir als Individuen führen – und haben fünfhundert Pfund im Jahr und ein Zimmer für uns, wenn wir uns an die Freiheit gewöhnt haben und den Mut haben, genau das zu schreiben, was wir denken, wenn wir ein wenig dem gemeinschaftlichen Wohnzimmer entkommen und Menschen nicht immer in ihrer Beziehung zueinander sehen, sondern in ihrer Beziehung zur Realität, und den Himmel, die Blumen oder was auch immer so, wie sie sind, wenn wir Miltons Schreckgespenst mißachten, denn kein Mensch sollte uns den Blick versperren, wenn wir uns der Tatsache stellen, denn es ist eine Tatsache, daß es keinen Arm gibt, an den wir uns klammern können, sondern daß wir allein sind und unsere Beziehung zur Welt der Realität besteht und nicht nur zur Welt von Männern und Frauen, dann kommt diese Gelegenheit, und die tote Dichterin, Shakespeares Schwester, wird die Gestalt annehmen, die sie so oft entworfen hat. Sie gewinnt ihr Leben aus den Leben anderer Unbekannter, die ihr vorangingen; wie ihr Bruder vor ihr lebte, wird sie geboren. Aber es kann nicht erwartet werden, daß sie ohne die Vorbereitung, ohne die Anstrengungen unsererseits, ohne die Entschiedenheit, wenn sie wiedergeboren wird, auch leben und ihre Gedichte schreiben kann, denn das wäre unmöglich. Doch ich behaupte, daß sie kommen würde, wenn wir für sie arbeiteten, und daß es daher die Sache wert ist, dafür zu arbeiten, auch in Armut und Obskurität.